Dr. Joachim Schröder
Am Krümmershof 83
3500 Kassel-Nordshausen
Tel.: 0561/40 16 46

Band 20

VON HASEN, HUNDEN UND ANDEREN TIEREN

Texte für die Interimslektüre

Lehrerheft

von

Rainer Nickel

C.C. Buchners Verlag · Bamberg

ratio

Lernzielbezogene lateinische Texte
In Verbindung mit Erich Happ und Klaus Westphalen
herausgegeben von Gerhard Jäger

Dieses Lehrerheft wurde verfaßt von Dr. Rainer Nickel, Göttingen

1. Auflage 1 ³ ² ¹   1989 88 87 86 85
Die letzte Zahl bedeutet das Jahr dieses Druckes.

ISBN 3 7661 5870 8

© 1985   C.C. Buchners Verlag, Bamberg

Einband: Peter Hofmann, Bamberg

Druck: Druckerei Bussard, Gundelsheim

Inhalt

I	Darstellung des Gegenstandes	4
II	Unterrichtsziele	7
III	Anordnung der Texte im Unterrichtsverlauf und Zeitplanung	9
IV	Hinweise auf Interpretationsmethoden	10
V	Anregungen für die selbständige weiterführende Lektüre	11
VI	Interpretationsvorschläge	13
	1. Teil	13
	2. Teil	22
	3. Teil	34
VII	Vorschlag für eine Klassenarbeit (Schulaufgabe)	47
VIII	Eine Anregung zum Singen	48

I Darstellung des Gegenstandes

Die vorliegende Auswahl umfaßt Texte aus einem Zeitraum von ungefähr 1500 Jahren lateinischer Literatur. Der jüngste Text eines anonymen Autors stammt aus dem 16. Jahrhundert, der älteste ist in augusteischer Zeit verfaßt worden. Alle Texte handeln von Tieren, nicht nur von Hasen und Hunden, sondern auch von Eseln, Füchsen, Wölfen, Ziegenböcken, Fröschen und Ochsen, von Hähnen und Schweinen, Schwänen und anderem Federvieh, sogar von Drachen, Löwen, Panthern und Stieren, von Delphinen, Hirschen und nicht zuletzt auch von Flöhen und Regenwürmern. Dennoch dürfte der zoologisch Interessierte nicht auf seine Kosten kommen. Die Auswahl ist kaum dazu geeignet, den Schüler für das Fach Biologie zu motivieren oder gar eine Propädeutik für ein Studium der Zoologie zu liefern. Auch der Tierfreund wird nur wenig Ergötzliches vorfinden. Denn obwohl ständig von Tieren die Rede sein wird, geht es letztlich nur um den Menschen. Die Tiere sind Stellvertreter, Allegorien, Masken, Requisiten, Symbole, Verkleidungen, Objekte, Spiegel eines höchst menschlichen Geschehens und Verhaltens, menschlicher Freuden und Ängste, menschlicher Niedertracht, menschlicher Schicksale, Wünsche und Empfindungen. Wem ein derartiger Umgang mit Tieren im Lateinunterricht dennoch zu tierisch oder zu wenig seriös erscheint, der möge bitte bedenken, daß die römische Geschichte ohne Tiere gar nicht denkbar wäre. Wo wären Romulus und Remus ohne ihre Nährmutter, die Wölfin, geblieben? Was wäre mit Rom geschehen, wenn es die Gänse der Juno nicht gegeben hätte?

Die Tiere sind in allen Texten dieser Auswahl Zeichen, mit denen die Autoren etwas über den Menschen mitteilen oder ausdrücken. Das gilt nicht nur für die Tierfabeln, mit denen der Autor seine Leser zur Identifikation mit den Tieren auffordert, die wie Menschen handeln oder leiden. Das gilt auch für die Texte, in denen Menschen an oder mit Tieren handeln oder in denen Tiere nur Auslöser menschlichen Denkens, Handelns und Empfindens sind.

Tiere sind aber nicht nur in literarischen Texten, sondern auch in Sprichwörtern und Redensarten weit verbreitet[1]. Einige Beispiele: aquila non capit muscam; cornix cornici oculum non confodit; lupus in fabula; lupus est homo homini; equus Troianus; equi dentes inspicere donati; parturiunt montes, nascetur ridiculus mus; lupos apud

---

[1] Vgl. Otto, A.: Die Sprichwörter und sprichwörtlichen Redensarten der Römer, Leipzig 1890 (Nachdruck: Hildesheim 1965); s. auch die Übersicht S. 384-387.

oves relinquere custodes; quasi mures edimus alienum cibum; in pace leones, in proelio cervi; dat veniam corvis, vexat censura columbas; apes imitari; minoris sumus quam muscae; parvulae serpentes non nocent; qui fuit rana, nunc est rex. Fundgruben für derartige Redensarten sind u. a. Plautus und Terenz, Petron und Martial, ferner Horaz - vor allem in den Satiren und Episteln.

Die Beziehungen, die die Benutzer derartiger Redewendungen zu den Tieren herstellen, um Menschen oder menschliche Situationen zu charakterisieren oder menschliches Handeln und Verhalten zu beeinflussen, sind in ihrer Intensität, Anschaulichkeit, Aussagekraft sehr unterschiedlich. Wenn Horaz sagt, er lasse die Ohren hängen wie ein Esel, dem man eine zu schwere Last aufgebürdet habe (Sat. 1, 9, 20), dann vergleicht er sich mit dem Tier, weil er sich im Augenblick in einer ähnlichen Lage sieht. Er ergibt sich wie der Esel in sein Schicksal, ohne sich zu wehren. Wenn er sich aber als Schwein aus der Herde Epikurs bezeichnet (Epist. 1, 4, 16), dann vergleicht er sich nicht nur mit einem derartigen Schwein, sondern er fühlt sich auch als solches. Er benutzt in diesem Falle ein sinnlich faßbares, aussagekräftiges Bild, das seine körperliche Erscheinung und sein allgemeines Wohlbefinden veranschaulichen soll. Das „Schwein aus der Herde Epikurs" ist fast schon eine Allegorie für eine lustbetonte, von heiterer Geselligkeit getragene und von allgemeiner Zufriedenheit bestimmte Existenzform. Wenn Petrons Trimalchio (Sat. 74, 13) von seiner Frau sagt: inflat se tamquam rana, so spielt er damit nicht nur auf die Fabel des Phädrus (rana rupta et bos, 1, 24) an, sondern vergleicht die körperlich sichtbare Aufregung der Fortunata mit dem Verhalten eines Tieres, um sie zu beleidigen und herabzusetzen. Sie hatte ihren Mann zuvor mit canis beschimpft und auf diese Weise die negativen Eigenschaften des Hundes auf ihn projiziert. An diesem Beispiel wird u. a. sichtbar, daß die Brauchbarkeit von Tieren als Zeichen für die Charakterisierung menschlichen Verhaltens ganz entscheidend auf der anthropomorphen Deutung oder moralischen Beurteilung tierischen Verhaltens beruht. Menschen können mit Tieren verglichen werden, weil Tiere als quasi-menschliche Wesen mit menschlichen Eigenschaften und Verhaltensweisen begriffen und dann übrigens auch in eine bestimmte Rangordnung zueinander gebracht werden (so ist z. B. der Löwe der König, und der Esel ist geringer als das Pferd). Die Tierwelt der Redensarten und hier vor allem der Schimpfwörter spiegelt die Menschenwelt mit ihren ethischen und ästhetischen Kategorien wider. So gilt z. B. der Affe als häßlich, und der „häßliche Affe" ist ein Schimpfwort (Horaz, Sat. 1, 1, 18; Cicero, Fam. 5, 10a, 1). Der Elephant hat eine dicke Haut; er ist dumm und dickfellig; folglich kann man einen Dummen und

Dickfelligen als elephanti corio circumtentus (Plautus, Mil. glor. 235) bezeichnen. Aber selbstverständlich werden den Tieren auch positive Eigenschaften zugeschrieben. So kann Seneca (Epist. 84, 2) sagen: apes, ut aiunt, debemus imitari, und niemand wird Anstoß daran nehmen, wenn Horaz (Carm. 4, 2, 27) erklärt, daß er im Gegensatz zu Pindar, dem Schwan, wie eine Biene der Heimat, die am Waldesrand und an den Wassern des Tibur süßen Honig voll Mühe sammle, mit Anstrengung und Bescheidenheit seine Gedichte verfasse (vgl. die Darstellung der Bienen bei Plinius, Nat. hist. 11, 11-68).

Die mit den Tierbezeichnungen auszulösenden Assoziationen werden überliefert, gelernt und oft wider besseres Wissen benutzt. Die Bedeutung der Tiernamen bleibt oft unabhängig von der jeweiligen Muttersprache über Jahrtausende hinweg erhalten. Der „schlaue Fuchs" ist ein fester und allgemeiner Besitz der menschlichen Vorstellungswelt. Die „friedliche" oder gar „zärtliche Taube" ist bis heute ein Symbol, das jedoch keinen Bezug zur Wirklichkeit hat.

Allerdings gibt es auch Redensarten, die auf wirklichkeitsgerechten Erfahrungen mit dem natürlichen Verhalten und den physiologischen Möglichkeiten der Tiere beruhen. So entsprechen Redensarten wie aquila non capit muscam oder nobilis equus umbra quoque virgae regitur durchaus dem zoologischen oder tierpsychologischen Befund. Das gilt ebenfalls für den häufigen Gebrauch von Tiernamen zur Veranschaulichung einer „verkehrten Welt": optat ephippia bos piger, optat arare caballus (Horaz, Epist. 1, 14, 43) - im Sinne von „was er will, das hat er nicht, und was er hat, das will er nicht". Auch die folgenden Redensarten stehen nicht im Widerspruch zum tatsächlichen Verhalten der Tiere: Wenn jemand unleserlich geschrieben hat, dann sagt man gallina scripsit; wenn jemand etwas versucht, was er überhaupt nicht kann, heißt es camelus saltitat. Der corvus albus ist eine Bezeichnung für etwas Unmögliches. Asinum litteras docere ist ein vergebliches Unterfangen, und der asinus in tegulis eine unerhörte Erscheinung.

Oft werden Tiere dazu benutzt, den Menschen davon abzuhalten, wie ein Tier zu sein, oder um zu beweisen, daß der Mensch eine vom Tier grundsätzlich verschiedene Existenzweise hat oder haben sollte. Ein locus classicus für diese Verwendung von Tieren in der Literatur ist der Anfang von Sallusts Catilinae Coniuratio: Omnes homines, qui sese student praestare ceteris animalibus, summa ope niti decet, ne vitam silentio transeant veluti pecora, quae natura prona atque ventri oboedientia finxit. Die menschliche Überlegenheit oder Besonderheit gegenüber den Tieren wird in der philosophischen Literatur vielfach reflektiert. Hier wird der Mensch mit den Tieren zwar verglichen, nicht aber gleichgesetzt, sondern von diesen scharf abgehoben: In homine optimum quid est? Ratio; hac antecedit animalia, deos sequitur. Ratio ergo perfecta proprium bonum est, cetera illi cum animalibus satisque communia sunt. Valet; et leones. Formosus est; et pavones. Velox est; et equi. Non dico, in his omnibus vincitur. Non quaero, quid in se maximum habeat, sed quid suum. Corpus habet; et arbores. Habet impetum ac motum voluntarium; et bestiae et vermes. Habet vocem sed quanto clariorem canes, acutiorem aquilae, graviorem tauri, dulciorem mobilioremque luscinii? Quid in homine proprium? Ratio (Seneca, Epist. 76, 9).

II Unterrichtsziele

Wie bereits angedeutet, sollen die Texte den Blick für ein häufig vorkommendes Motiv der lateinischen Literatur schärfen. Darüber hinaus soll anschaulich gemacht werden, daß das Tier ein weit verbreitetes und allgemeinverständliches Zeichen der Verständigung über den Menschen, sein Verhalten und seine Welt ist. Das Tier ist ein Spiegel, in dem der Mensch sich selbst in einer jeweils spezifischen Deutung erkennen kann. Indem der Mensch über das Tier spricht, spricht er über sich selbst. Wer sich in diesem Sinne mit lateinischen „Tier"-Texten auseinandersetzt, lernt die Bedeutung des Tieres als eines Transporteurs von Aussagen über den Menschen auch über die Grenzen der lateinischen Literatur hinaus begreifen.

Die große zeitliche Spannweite der Sammlung bietet die Gelegenheit, den Schüler mit wichtigen Namen der lateinischen Literaturgeschichte bekannt zu machen. Dazu gehören neben antiken Autoren wie Phädrus, Livius, Gellius, Martial oder Petron auch Prudentius und Ambrosius, ferner Poggio, Jacobus de Voragine, Caesarius von Heisterbach und Notker Balbulus und schließlich die Sammlungen der Carmina Burana und der Carmina Cantabrigiensia.

Da ein größerer Teil der Texte dem Mittel- und Neulateinischen zuzurechnen ist, gewinnt der Schüler einen ersten Einblick in diese späten Phasen der lateinischen Literatur[1]. Es wird ihm an wenigen Beispielen gezeigt, wie groß der Zeitraum ist, in dem die lateinische Sprache ein internationales Kommunikationsmittel und das entscheidende kulturelle Medium der abendländischen Menschheit gewesen ist. Gewiß reichen die Texte nicht dazu aus, dem Schüler die Einsicht in die Tatsache zu vermitteln, daß die Latinitas maior eine wichtige Komponente der geistigen Einheit Europas[2] ist. Der Schüler wird aber nicht mehr vergessen, daß Latein es nicht allein mit den alten Römern und der römischen Antike zu tun hat, sondern mit zweitausend Jahren unserer eigenen Geschichte[3].

Die Texte sind allerdings weniger unter dem Gesichtspunkt der „Rezeption" zusammengestellt worden - von Ausnahmen abgesehen. Sie sollen aus sich heraus auf den Schüler wirken, ihn amüsieren oder nachdenklich machen, anregen und zur Stellungnahme herausfordern.

---

1) Von didaktisch grundlegender Bedeutung für das Mittellateinische im Unterricht ist immer noch Hermes, E.: Lateinisches Mittelalter im Unterricht, in: AU 3, 4, 1958, 28-58.
2) Heupel, C.: Enea Silvio: Euryalus et Lucretia - Einladung zur Lektüre einer Humanistennovelle, in: AU 23, 3, 1980, 74-78.
3) Fuhrmann, M.: Latein als Schlüsselfach der europäischen Tradition, in: M. F.: Alte Sprachen in der Krise? Stuttgart 1980, 68-82.

III Anordnung der Texte im Unterrichtsverlauf und Zeitplanung

Obwohl die Texte vielfältige Beziehungen haben, ohne unmittelbar voneinander abhängig zu sein, und zu umfassenden Vergleichen einladen, lassen sie sich durchaus in längeren zeitlichen Abständen behandeln. Man kann sie getrennt voneinander zu verschiedenen Zeiten in die Unterrichtsplanung einbeziehen. Sie können z. B. in der 10. oder 11. Klasse jeweils einige Stunden lang oder auch nur in einer Unterrichtsstunde wie auch während der Arbeit an bestimmten Kursthemen der 12. oder 13. Klasse zur Auflockerung der Arbeit gelesen und interpretiert werden. Die Texte dienen hier der Entspannung und der Erneuerung der Motivation. Sie werden als kurzweilige Intermezzi[4] - etwa nach Klassenarbeiten, vor den Ferien oder nach Abschluß einer längeren zusammenhängenden Lektürephase - in den Unterricht eingebaut. Eine Orientierung über den Schwierigkeitsgrad der Texte bietet die Gliederung der Sammlung in drei Teile (vgl. Einführung zum Schülerheft).

---

1) Im Sinne einer „Interimslektüre": vgl. die Einleitung zum Schülerheft.

IV Hinweise auf Interpretationsmethoden

Die Texte sind Belege für die Bedeutung eines literarischen Motivs, Darstellungs- oder Ausdrucksmittels. Übergreifendes Ziel der Interpretation ist es demnach, aus der Verwendung des Motivs die jeweilige Absicht des Autors zu erschließen. Die methodische Leitfrage lautet also: Was teilt uns der Autor mit, wenn er ein Tier oder mehrere Tiere an bestimmten Stellen seines Textes erwähnt? Ein Beispiel: Wenn ein Autor erzählt, daß sein Held einen Drachen erschlug, dessen Kadaver von acht Ochsen nur mit Mühe fortgeschleppt werden konnte, dann veranschaulicht die beiläufige Erwähnung der acht Ochsen nicht nur die gewaltige Größe des Ungeheuers, sondern auch die übermenschliche Leistung des Helden. Ein anderes Beispiel: Wenn ein Dichter eine liebliche Landschaft beschreibt und zugleich darauf hinweist, daß Nachtigallen schlagen, Schwalben zwitschern und Grillen zirpen, dann malt er ein sommerlich-friedliches Stimmungsbild, das möglicherweise in einem krassen Gegensatz zur Situation der in diesem Rahmen sich bewegenden Menschen steht: Die Interpretation des Textes konzentriert sich unter diesem Gesichtspunkt auf die Mitteilungsfunktion der Tiere. Diese werden als Wegweiser zum Textverständnis genutzt.

V Anregungen für die selbständige weiterführende Lektüre

Wer es gelernt hat, Tiere in Texten als Wegweiser zu einem tieferen Textverständnis zu nutzen, wird diesen Anhaltspunkt der Texterschließung nicht mehr aus den Augen verlieren. Denn in der Literatur wimmelt es nur so von Tieren; sie agieren in zahllosen Texten als Randfiguren, aber auch als Beweger des Geschehens. Einige Beispiele: In Bertolt Brechts „Legende von der Entstehung des Buches Taoteking auf dem Weg des Laotse in die Emigration"[1] wird der Ochse, der den Weisen trägt, in vier von insgesamt dreizehn Strophen erwähnt. Gewiß - der Ochse ist nur eine Randfigur. Aber er gehört zum Gesamtbild der Szenerie; er ist neben dem Knaben, der ihn führt, einer der „drei", die der wißbegierige Zöllner aufhält. Der Ochse gehört ebenso zum Geschehen wie der Esel zur Flucht der heiligen Familie nach Ägypten oder zum Einzug Jesu in Jerusalem.

In einer seiner Geschichten von Herrn Keuner erzählt Brecht von dessen Lieblingstier, dem Elephanten[2]. Hier ist das Tier Gegenstand der Darstellung und zugleich - ähnlich wie in der Tierfabel - ein Bild für den Menschen oder die menschliche Gesellschaft. Die Tierbeschreibung ist eine eingehende Analyse spezifisch menschlichen Verhaltens.

Max Frisch hat in seinem Roman „Stiller" Julikas Schoßhündchen „Foxli" beschrieben, um auf diese Weise die Probleme zu veranschaulichen, die Stillers Beziehungen zu seiner Frau belasten. In der kurzen Beschreibung des Tieres kommen grundlegende Schwierigkeiten der ehelichen Beziehung zwischen Stiller und Julika in denkbar konzentriertester Form zum Ausdruck.

Wer seinen Blick für die Tiere in der Literatur geschärft hat, wird vielleicht auch zu einigen Erzählungen Franz Kafkas einen leichteren Zugang gewinnen[3]: „Als Gregor Samsa eines Morgens aus unruhigen Träumen erwachte, fand er sich in seinem Bett zu einem ungeheuren Ungeziefer verwandelt ..." So beginnt Kafkas Erzählung „Die Verwandlung". Gregor ist zu einem riesigen Käfer geworden. Er hat eine Gestalt angenommen, die ihn für seine bisherige berufliche Tätigkeit untauglich macht. In dieser Verwandlung hat sein Aufbegehren

---

1) Vgl. die didaktisch-methodische Interpretation in Helmers, H.: Fortschritt des Literaturunterrichts. Modell einer konkreten Reform, Stuttgart 1974, 128-136.
2) Vgl. Helmers, a. a. O., 141-148.
3) Vgl. Fingerhut, K.-H.: Die Funktion der Tierfiguren im Werke Franz Kafkas, Bonn 1969.

gegen seine Rolle, die ihm von seiner Umwelt zu spielen auferlegt worden war, ihren sinnfälligen Ausdruck gefunden. Kafka hat vor allem in seinen letzten Lebensjahren Grundthemen seines dichterischen Werkes in einem tierischen Bereich entfaltet. Das zeigen Erzählungen wie die „Forschungen eines Hundes" (1922), „Der Bau" (1923/24) oder „Josefine, die Sängerin oder Das Volk der Mäuse" (1924). Aber auch schon die 1919 unter dem Titel „Ein Landarzt" herausgegebenen kleineren Erzählungen enthalten mehrere „Tiergeschichten", wie z. B. „Ein Bericht für eine Akademie", in dem ein Affe über den Prozeß und das Resultat seiner Zähmung berichtet, oder „Schakale und Araber", der Bericht über ein Gespräch des Autors mit einem Schakal. „Eine Kreuzung", „Der Geier", „Kleine Fabel" sind extrem kurze Tiergeschichten, mit denen Kafka seine eigene Existenzsicht zu verbildlichen sucht. Aber auch als Randfiguren haben die Tiere bei Kafka eine starke Aussagekraft: „Ich war steif und kalt, ich war eine Brücke, über einem Abgrund lag ich. Diesseits waren die Fußspitzen, jenseits die Hände eingebohrt, in brockendem Lehm habe ich mich festgebissen. Die Schöße meines Rockes wehten an meinen Seiten. In der Tiefe lärmte der eisige Forellenbach ..."[1] Wenn man sich vor Augen führt, in wievielen bedeutenden Texten der Weltliteratur Tiere eine verbildlichende, illustrierende, symbolhafte oder metaphorische Rolle spielen, wird man kaum bestreiten, daß es sinnvoll ist, den Schüler auch im Lateinunterricht auf das literarische Motiv „Tier" hinzuweisen und auf diesem Wege seine allgemeine „Lesefähigkeit" zu üben.

---

1) Anfang der Erzählung „Die Brücke". - Alle hier genannten Erzählungen Kafkas sind leicht zugänglich in der Sammlung des Fischer Taschenbuch Verlags.

VI Interpretationsvorschläge

1. Teil

1. Der Cantus de lepore stammt aus dem Codex latinus Monacensis 10751 (fol. 213 v - 214 v), einer mit 1575 datierten Sammlung lateinischer und deutscher Texte[1]. Es gibt viele volkstümliche Lieder, in denen der Hase im Mittelpunkt steht. Das „Häschen in der Grube" ist nur eines unter anderen[2]. Wegen seiner vielen Feinde galt der Hase schon in der Antike als Prototyp der gehetzten und gejagten Kreatur, die sich nur mit seiner großen Fruchtbarkeit erhalten konnte (Herodot 3, 108). Er wurde dadurch zum Symbol der Fruchtbarkeit (Osterhase). Der Hase ist seinen Verfolgern nur selten überlegen, z. B. in der Geschichte vom wilden Jäger im „Struwwelpeter"; hier wird sozusagen eine „verkehrte Welt" gemalt, in der der Jäger zum Gejagten wird, der ewig Unterlegene eine Zeitlang triumphieren darf. Der Hase gilt zwar als besonders ängstliches Tier („Angsthase", „das Hasenpanier ergreifen", „Hasenherz"[3]), aber auch als guter Läufer (Märchen vom Hasen und Igel).

Der Hase des Cantus ist kein echter Hase im Sinne der Zoologie oder der Weidmannskunst. Er wird auch nicht als Objekt der Kochkunst beschrieben[4], sondern als ein Wesen, das angesichts eines drohenden Geschicks jammert und klagt. Der Hase des Cantus ist sich seiner erbärmlichen Situation bewußt; er sieht sich als unschuldig Duldenden, als hilfloses Opfer Mächtiger, die es auf ihn abgesehen haben und seinen Untergang sogar noch genießen. Offensichtlich ist der Hase eine Allegorie für einen unschuldig Verfolgten oder Ausgebeuteten, vielleicht für einen „kleinen Mann", der sich der Willkür seiner Herren ausgeliefert sieht. Diese „allegorische" Interpretation läßt sich durch andere handschriftlich überlieferte Textfassungen des Hasenliedes stützen, in denen ganz konkrete Vergehen genannt werden, die dem „Hasen" vorgeworfen wurden, ohne daß er sie begangen hat, geschweige denn als wirklicher Hase begangen haben könnte. Der „Ha-

---

1) Grundlegend für die Interpretation: Oberg, E.: Cantus de lepore, in: Krefeld, H. (Hrsg.): Impulse für die lateinische Lektüre, Frankfurt 1979, 256-268.
2) Beispiele bei Oberg, a. a. O.
3) Vgl. Röhrich, L.: Lexikon der sprichwörtlichen Redensarten, Freiburg 1973, s. v. Hase.
4) Vgl. Snell, B.: Neun Tage Latein, Göttingen 1953, 44-46. S. meint, hier sei „das Mitleid mit dem jammervollen Los des für die Küche bestimmten Geschöpfes" dargestellt. Diese Deutung lehnt schon Oberg, a. a. O., 262, mit Recht ab.

se" unseres Liedes sieht sein Schicksal als unausweichlich an. Das unschuldige Leiden gehört zu seiner Lebenswirklichkeit. Er hat sich also zu fügen und sein Los zu tragen, das sich erfüllt, wenn die Herren ihn verdaut haben und auf die Latrine tragen.

2. Der Tod des Esels[1] ist ein im Mittelalter und in der Neuzeit in verschiedenen Fassungen umlaufendes Klagelied eines Bauern, der um seinen toten oder sterbenden Esel trauert. Der Bauer hatte das Tier offensichtlich sträflich vernachlässigt: Es ist erfroren. „Wenn ich gewußt hätte, lieber Esel, daß du erfrieren würdest, dann hättest du Kleider bekommen ..." (2. Strophe). Es stellt sich die Frage, ob der Esel (ähnlich wie der Hase des vorigen Textes) die allegorische Darstellung eines unschuldig Leidenden ist, der durch die Hartherzigkeit und Gefühllosigkeit seines Herrn zugrunde gegangen ist. Der „Esel" könnte durchaus ein bis zum endgültigen Zusammenbruch ausgebeuteter Mensch sein[2]. Andere verstehen das Gedicht als Parodie auf die Sitten und Bräuche um die Verstorbenen, auf die Unsitte, den gesamten Besitz in einem Testament bis ins kleinste zu verteilen, und auf die oft verlogene Trauer um einen angeblich lieben Entschlafenen[3]. Die erstgenannte Deutung (Esel = der Ausgebeutete) hat mehr für sich. Die traditionelle Geringschätzung oder gar Verachtung dieses dem Menschen als Lastenträger an sich so nützlichen Tieres äußert sich in Schimpf- und Sprichwörtern. Der Esel gilt als dumm, träge und störrisch (vgl. schon Plautus, Pseud. 136). Apollo läßt König Midas Eselsohren wachsen, weil er zu dumm war, die musikalischen Fähigkeiten des Gottes richtig zu beurteilen (Ovid, Met. 11, 146-193). Der Herrscher von Delos - so heißt es bei Ovid - konnte es nicht dulden, daß die Ohren des Midas, die die Musik des Pan als schöner empfanden als das Leierspiel des Gottes, ihre menschliche Gestalt behielten: Er zieht ihm die Ohren lang, füllt sie mit weißlichen Haaren, nimmt ihren Wurzeln den Halt und läßt sie beweglich werden. So bekommt Midas „die Ohren des langsam schreitenden Esels".

Der erfrorene Esel unserer Fassung hätte alles bekommen können, wenn er nur am Leben geblieben wäre. Doch nun, da er tot ist, soll er wenigstens in allen Ehren beerdigt werden: Die Glocken sollen läuten, ein Lied soll gesungen werden, in der Kirche soll ein Re-

---

1) Text nach Novati, F.: Carmina medii Aevi, Florenz 1883, 73.
2) Oberg, a. a. O., 264, weist darauf hin, daß auch Hans Sachs den Esel als Allegorie des Ausgebeuteten benutzt.
3) Servaes, F.-W.: Typologie und mittellateinische Tierdichtung, in: AU 17, 1, 1974, bes. 28.

quiem vorgetragen werden. In den letzten beiden Strophen schlägt die Ironie in Sarkasmus um: Das Fleisch des Esels wird den Würmern, die Haut den Schustern, die Seele den Dämonen gegeben. Die Bayern sollen den Schwanz bekommen, um sich damit aufzuhängen.

Der Autor des Liedes brandmarkt die Scheinheiligkeit, mit der der Bauer (= Herr) die geschundene Kreatur (= den Ausgebeuteten) betrauert und dann auch noch ein christliches Begräbnis mit allem Zeremoniell in Aussicht stellt. Die Wirklichkeit ist jedoch ganz anders: Der Kadaver des Esels wird den Würmern überlassen. Aber selbst dieser hat noch einen Nutzen: Die Haut wird zu Schuhwerk verarbeitet. „Hängt euch auf, ihr Bayern alle, da ihr euch das mit anseht und gefallen laßt."

3a u. 3b. Die Moral der Fabel ist Ausdruck eines subjektiven Standpunktes. Daher kann dieselbe Fabel von verschiedenen Standpunkten aus gedeutet und angewandt werden. Das läßt sich durch einen Vergleich der mittelalterlichen Erzählung des Odo mit der Phädrus-Fabel 4, 9 Vulpes et caper[1] leicht zeigen. Während Phädrus der Fabel eine eindeutig „diesseitige" Moral unterlegt, ist in der mittelalterlichen Fabel der Fuchs Sinnbild oder Allegorie des Teufels: vulpecula significat Diabolum. Der Wolf hingegen ist der törichte Sünder, der in den Brunnen der Schuld hineinsteigt. Daß der Fuchs etwas „Diabolisches" an sich hat, bezeugt nicht nur die Fabel. Der Fuchs wird auch sonst als ein Wesen verstanden, das seine wahre Gesinnung und seine eigentliche Absicht geschickt zu verbergen vermag (Horaz, De arte poet. 437: animi sub vulpe latentes; Persius 5, 117: astutam vapido servas in pectore vulpem). Warum aber Odo den Bock des Phädrus gegen einen Wolf vertauscht hat, ist schwer zu erklären. Allerdings ist der Wolf in der Fabel gewöhnlich ein arger „Sünder", der viele Schandtaten begeht. Er hat meist ein sehr negatives Image (vgl. Phädrus 1, 1: Der Wolf und das Lamm; 1, 8: Der Wolf und der Kranich). Ferner war der Glaube verbreitet, daß sich Menschen in Wölfe verwandeln (vgl. Plinius, Nat. hist. 8, 34, 80-82; Petron 61, 6-62). Das „Wölfische" des Menschen spricht schließlich auch aus der auf Plautus (Asin. 495) zurückgehenden Redensart lupus est homo homini. Odo erscheint der Bock des Phädrus wohl weniger geeignet, den

[1] Zur Interpretation von Phädrus 4, 9 vgl. Nickel, R. (Hrsg.): Aditus III, 33-38. Zur Odo-Fabel vgl. Jauss, H. R.: Untersuchungen zur mittelalterlichen Tierdichtung, Tübingen 1959, 167 und Servaes, F.-W.: Typologie und mittellateinische Tierdichtung, in: AU 17, 1, 1974, 17-29, bes. 26-27. Vgl. auch Hervieux, L.: Les Fabulistes Latins depuis le siècle d'Auguste jusqu'à la fin du moyen age, Paris 1896 (Hildesheim 1970), bes. IV 173-416.

sündigen Menschen zu versinnbildlichen, als der Wolf, dem eine erheblich breitere Palette der Bösartigkeit zugeschrieben wird. Der Bock hat neben seiner Dummheit allenfalls einige schlechte Angewohnheiten, ist aber keinesfalls der geniale Bösewicht[1].

Beide Fabeln bringen ihre „Moral" expressis verbis zum Ausdruck. Odo gibt eine ausführliche Deutung (mehr als ein Drittel des ganzen Textes) im letzten Teil der Fabel. Phädrus beginnt gleich mit dem „fabula docet" in den ersten beiden Zeilen[2]. Was bei Phädrus eine allgemeingültige Situationsbeschreibung ist, wird von Odo zu einer existentiellen Aussage gesteigert. Der Fuchs war bei Phädrus lediglich eine Allegorie des homo callidus, der in Gefahr geraten sich auf Kosten eines Dummen in Sicherheit zu bringen suchte. Bei Odo ist der Fuchs der Teufel persönlich, also die Allegorie einer Allegorie des Bösen schlechthin, der existentiellen Bedrohung des Menschen. Der Brunnen ist bei Odo der Brunnen der Schuld, aus dem es kein Entrinnen gibt. Der Teufel hat Adam viele Güter versprochen, aber stattdessen viel Böses erfüllt. Odos Erzählung ist erheblich drastischer als ihre Vorlage: Der dumme Wolf wird totgeschlagen: böse Feinde, wahrscheinlich die Laster und Begierden, vernichten den sündigen Menschen. Phädrus spricht dagegen nicht aus, was mit dem betrogenen Ziegenbock geschieht. Vielleicht ist er noch irgendwie davongekommen. Die antike Fabel kann daher beim Leser ganz andere Gefühle hervorrufen als der mittelalterliche Text: Man bewundert den Fuchs wegen seiner Schlauheit. Man bedauert das Los des Dummen nicht, eher empfindet man Schadenfreude. Die Stimmung, die Phädrus verbreitet, ist nicht niederschmetternd. Die Szene wird sogar von einer gewissen Heiterkeit überstrahlt. Der Leser kann sich insgeheim als der dumme Ziegenbock angesprochen fühlen, weil er sich eingestehen muß, daß es ihm auch schon einmal so ergangen ist. Anders ist es bei Odo. Die Fabel erzeugt Angst, Angst vor den Verführungen des Teufels, die man zu spät als solche erkennt und an denen man schmählich zugrundegeht.

---

1) Das Motiv des „bösen Wolfes" wird auch in CB 157 = Text Nr. 9 des 1. Teiles auf originelle Weise verarbeitet. Bei Caesarius von Heisterbach (Text Nr. 6 des 2. Teiles) ist der böse Wolf jedoch Opfer menschlicher Grausamkeit. Zu Odo s. noch Schnur, H. C.: Lateinische Fabeln des Mittelalters, München (Heimeran) 1979.
2) Brandhofer, F. J. - Firnkes, M. - Rieger, E.: Lateinische Dichterlektüre I, Bamberg 1982, 4-53; bes. 35-51 legen auch einen Vergleich von Phädrus und Odo vor.

4a u. 4b[1]) Während Phädrus lapidar erklärt, daß der Schwache zugrundegehe, wenn er den Mächtigen nachahmen wolle, spricht aus Odos Fabula docet die Sorge um das Seelenheil derer, die es den großen Herren gleichtun wollen. Im Gegensatz zu Phädrus, der den Ochsen in seiner überlegenen und unerreichbaren Größe nicht in Frage stellt, kritisiert Odo die Großen, die Bischöfe, Äbte und Archidiakone, die wie Ochsen (quasi boves) mit großer Pracht einherstolzieren. Odos Fabel greift vor allem die Prachtentfaltung der Kirchenfürsten an; die Menschen, die es ihnen wie die Frösche gleichtun wollen, haben sein Mitleid.

5. Auch in diesem Text kommt es wegen eines Tieres zu einem Konflikt zwischen zwei Menschen. Der eine, ein wohlhabender Priester bestattet sein verstorbenes Hündchen auf einem christlichen Friedhof. Der andere, ein geldgieriger und zugleich bestechlicher Bischof, läßt den Priester wegen dieser Tat zu sich rufen, weil er auf dessen Geld aus ist. Die Bestattung des Hundes war dem Bischof ein willkommener Anlaß, den Priester auszuschalten, um in den Besitz des Geldes zu kommen. Der Priester hatte vorsorglich eine größere Summe mitgebracht, die der Hund dem Bischof angeblich testamentarisch hinterlassen hatte. Weil der Hund sich auf diese Weise klüger als ein Mensch erwiesen hatte, billigte der Bischof die Beerdigung in geweihtem Boden - nachdem er das Geld eingesteckt hatte[2]).

Diese Geschichte stammt aus einer Sammlung witziger Szenen, die Poggio Bracciolini (1380-1459) aus Terranuova bei Florenz verfaßt hatte und die 1470 postum unter dem Titel Liber facetiarum herausgegeben wurden. Poggio, der viele Jahre als Sekretär im Dienst der päpstlichen Kurie stand und als Meister des humanistischen Briefstils gilt, wurde damit zum Schöpfer der literarischen Gattung der Fazetie, einer kurzen Erzählung mit witziger Pointe, aber ohne satirisch-moralkritische Absicht. Die Fazetie dienste der geistreichen Unterhaltung. Sie war Ausdrucksform eines feinen Humors, wollte witzig sein, ohne zu verletzen. In der vorliegenden Fazetie kommt es wohl auch weniger darauf an, die Geldgier und den „miesen" Charakter des Bischofs zu brandmarken. Der Held der Erzählung ist vielmehr der schlaue Priester, der das Testamend des Hundes erfindet, um das Begräbnis in geweihtem Boden zu legitimieren. Von Moral keine Spur.

---

1) Dazu Naumann, H.: Dichtung für Schüler und Dichtung von Schülern im Lateinischen Mittelalter, in: AU 17, 1, 1974, 63-84, bes. 73 f.
2) Auch Schweine konnten Testamente machen: M. Grunnius Corocotta porcellus testamentum fecit. Quoniam manu scribere non potui, scribendum dictavi ... Text bei Bücheler, F.: Petronii saturae et liber Priapaeorum, Berlin 1904, 243 f.

Die Situation wird mit trockenem Humor geschildert. Die Pointe sitzt an der richtigen Stelle. Der Hund ist lediglich das corpus delicti, seine verbotene Beerdigung die Voraussetzung für eine Konstellation von Ereignissen, die zwar zunächst zu einer dramatischen Verwicklung führen, sich dann aber durch eine überraschende Wendung in Wohlgefallen auflösen. Es lohnt sich, der brillanten, sich auf das Wesentliche beschränkenden Formulierung sorgfältig nachzugehen. Besonders auffallend ist die Verwendung der Partizipialkonstruktionen (P.P.A. und Abl. abs.), die die Kürze des Ausdrucks sinnfällig werden lassen.

6. „Das gestohlene Schwein" stammt ebenfalls aus dem Liber facetiarum des Poggio. Auch in dieser Geschichte geht es nicht darum, den Geiz des Schweinezüchters zu entlarven und mit erhobenem Zeigefinger zu lehren: „Seht her, so ergeht es einem Geizhals." Der Witz der Geschichte besteht darin, daß der Geizige den Verlust seines Schweines nicht mehr nur vortäuscht, wie es ihm sein Pate geraten hatte, sondern nun tatsächlich zu beklagen hat. Er kann sich dem Paten gegenüber nicht mehr verständlich machen, weil er genau das sagt, was dieser ihm empfohlen hatte. Er ist in eine ausweglose Lage geraten. Je heftiger er beteuert, daß ihm das Schwein wirklich gestohlen wurde, desto überzeugender klingt seine scheinbare Lüge in den Ohren seines Lehrmeisters. Er hat sein Schwein gehabt und ist zum Gespött der Leute geworden. Das Tier ist auch hier lediglich der „Aufhänger" für die witzige Schilderung einer Situation, in der jede Verständigung aufgehoben ist. Diese Situation hat übrigens ein mythologisches Vorbild: die List des Odysseus, mit der dieser den Kyklopen Polyphem von seinen Gefährten isolieren konnte.

7. An dem Klagelied des gebratenen Schwanes aus der Sammlung der Carmina Burana wird unmittelbar anschaulich, was eine literarische Fiktion von einem nüchternen Protokoll oder einem wirklichkeitsgerechten Bericht unterscheidet. Denn hier bedient sich der Schwan nicht nur menschlicher Rede; er liegt auch schon gebraten in der Soße. Die dargestellte Szenerie zeigt aus der Sicht des Menschen nichts Außergewöhnliches. Ein banales Geschehen wird minutiös geschildert. In jeder Hähnchenbraterei kann man ähnliches beobachten. Aus der Perspektive des Schwanes hingegen handelt es sich um eine absurde Situation: Ein Tier schildert seine in mehreren Phasen sich vollziehende Vernichtung, wobei zu beachten ist, daß es - schwärzer als ein Rabe - bereits tot ist, als es seine Klage beginnt. Aus diesem Grund ist es nicht angemessen, auf die bereits in der Antike bekannte Tatsache hinzuweisen (vgl. Cicero, Tusc. 1, 73), daß der Schwan vor seinem Tod singe und daß das Gedicht auf dieses Geschehen

anspiele. Sollte der Autor des Klageliedes Ovids Metamorphosen gelesen haben, so könnte man eher vermuten, daß er auf die Verwandlung des über den Tod des Phaeton klagenden Cygnus (Met. 2, 367-380) anspielt. Der in einen Schwan verwandelte Cygnus vertraut sich Jupiters Himmel nicht an, weil er dessen Feuer (Blitz) fürchtet; er liebt die Teiche und die Seen. Weil er das Feuer haßt, wählt er die Flüsse, die Gegner der Flammen, zum Wohnsitz: stagna petit patulosque lacus ignemque perosus, quae colat, elegit contraria flumina flammis (Met. 2, 370-380). Im Blick auf die Ovidverse hat der Schwan des Klageliedes gerade das erlitten, was er am meisten fürchtete: das Feuer.

Die literarische Fiktion hat einen bestimmten Zweck. Der Schwan ist wie der Hase im Cantus de lepore eine Allegorie für einen Menschen, der sich in einer ausweglosen Lage befindet. Er vergleicht seine beklagenswerte Gegenwart zunächst mit einer glücklicheren Vergangenheit, die er in einem übertrieben positiven Licht erstrahlen läßt. Anders als der Hase ist er aber wohl kein unschuldig Verfolgter oder Gequälter. Er war einst ganz oben, solange er noch ein weißer Schwan war, ein schönes, stolzes Tier. Dann ist er aus dem lacus in die scutella geraten. Mit keinem Wort wird gesagt, worin die Ursache dieses jähen Abstiegs bestand. Vielleicht soll der „gebratene Schwan" ganz allgemein das menschliche Geschick illustrieren, das der Willkür der Fortuna ausgeliefert ist. Die Fortuna - Lieder in der Sammlung der Carmina Burana beklagen diese Situation besonders eindringlich. Vielleicht ist das ganze Gedicht auch nur eine Parodie auf die Neigung des Menschen zur - oft grundlosen - Klage und zur Verherrlichung „besserer Zeiten".

Es bietet sich an, den Schülern die Orffsche Vertonung des Textes vorzuführen[1], um der von Bruno Snell[2] geäußerten Behauptung entgegenzuwirken, daß aus der Schwanenklage ebenso wie aus der Klage des Hasen „das Mitleid mit dem jammervollen Los des für die Küche bestimmten Geschöpfes" spreche, ein Mitleid, das „christliches Fühlen" voraussetze. Günter Merwald[3] meint im Anschluß an Snell sogar, daß das Schwanengedicht „in seinem Kern ohne das Christentum nicht denkbar" sei. Doch was wird aus diesem angeblich so „mitleiderregenden Thema" angesichts des Refrains, der doch wohl Ausdruck einer ganz und gar unchristlichen Schadenfreude ist? Man höre sich nur die Orffsche Interpretation an[4].

---
1) Merwald, G.: „Orffs Carmina Burana". Querverbindungen zwischen Latein-, Deutsch- und Musikunterricht, in: AU 12, 4, 1969, 48-68.
2) Neun Tage Latein, Göttingen 1955, 44.
3) AU 12, 4, 1969, 57.
4) Daß der Schwan schön singe, wird in der Antike vielfach behauptet: z. B. Lukrez 3, 6; 4, 181; Vergil, Ekl. 8, 55.

Ausgehend von der Antithese cygnus-corvus kann man das Martial-Epigramm 3, 43 lesen – unter der Überschrift „Rabenschwarz und Schwanweiß" –, in dem der Dichter ebenfalls „Rabe" und „Schwan" gegenübergestellt hat, um sich über eine menschliche Schwäche, die Eitelkeit, lustig zu machen. Allerdings ist es in diesem Epigramm gerade umgekehrt: Rabenschwarz ist schöner als schwanweiß: „Mit deinen gefärbten Haaren, Laetius, täuschst du Jugend vor; so plötzlich ein Rabe, wo du eben noch ein Schwan warst. Du führst nicht alle hinter's Licht: Proserpina weiß, daß du weiß bist: Sie wird deinem Kopf die Maske abziehen."

Der weiße Schwan und der schwarze Rabe werden auch sonst gern gegenübergestellt (z. B. Martial 1, 53, 8); der Schwan ist wegen seiner strahlenden Weiße stets ein Bild der Schönheit (Martial 1, 115) „Mich begehrt ein Mädchen, du Neidhammel Procillus, weißer als ein schöner Schwan, als Silber, als Schnee, als eine Lilie, als eine Ligusterblüte. Ich aber will eine andere, die schwärzer ist als die Nacht, als die Ameise, die Elster, das Pech, die Zikade. Du hast schon wilde Selbstmordgedanken: Doch wenn ich dich richtig kenne, Procillus, wirst du leben" (Die Wendung candidior ... nive bei Martial 1, 115, 2-3 kommt übrigens auch in der Klage des Schwans vor, wo dieser sagt, er sei nive candidior gewesen. Man vergleiche auch die Wendung nigrior graculo, der in CB 130 corvo nigrior entspricht.)

8. Unter den Carmina Burana gibt es sehr viele Lieder, in denen Tiere im Zentrum stehen oder als wichtige Randfiguren fungieren. In den Frühlingsliedern sind Tiere die Boten des Frühlings. An ihrem Treiben wird anschaulich, daß der Winter vorbei ist - im Sinne des Liedes „Alle Vögel sind schon da ..."[1] Amsel und Nachtigall künden das Lob der Cypris (z. B. CB 59). Der Verliebte vergleicht sich mit einem Finken im Käfig: „Von Amor eingefangen, gleich ich dem Fink, dem bangen, dem hinter Gitterstangen wohl noch der Himmel blühet, doch sich noch singend mühet, vor Freiheitsdurst verglühet" (CB 60, 1. Strophe. Übers. Hilka-Schumann-Bischoff).

Im Text 8 (Exiit diluculo) wendet sich die Schäferin recht direkt an den scholaris. Durch die Aufzählung der Tierpaare in der zweiten Hälfte der zweiten Strophe (junge Kuh und junger Bulle, Ziegenbock und Ziege) wird eine erotische Atmosphäre hergestellt. Die Schäferin wird angesichts dieser Paare dazu veranlaßt, den Scholaren

---

[1] Vgl. u. a. CB 58, 74, 81, 132. Ed. Hilka-Schumann-Bischoff, Zürich, München 1974.

anzusprechen und zum „Spielen" (ludere) aufzufordern. Die Tiere sind die Animateure. Der hier ganz eindeutig erotische Inhalt des Wortes ludere soll ja auch in Catulls Passer-Gedicht vorliegen[1]. Aber obwohl ludere z. B. bei Horaz und Properz und auch sonst bei Catull einen erotischen Unterton haben kann, ist dies im Passer-Gedicht wohl nicht der Fall.

9. Lucis orto sidere ... ist eine Pastourelle[2], ein Schäferlied, das in einem Zwiegespräch zwischen Schäferin und Dichter besteht. Dieser macht dem Mädchen einen eindeutigen Antrag. Das Mädchen weist das Ansinnen des Dichters zunächst empört zurück. Noch nie habe es so etwas getan. Da taucht plötzlich ein Wolf auf und raubt ein Schaf aus der Herde des Mädchens, das daraufhin gelobt, dem gehören zu wollen, der ihm das Schaf zurückbringe. Der Dichter zieht sein Schwert und rettet das Schaf. Damit hat er zugleich sein Ziel erreicht. Wolf und Schaf sind die Requisiten, die die Schäferin benötigt, um dem Dichter nachgeben zu können. Der böse Wolf ist in Wirklichkeit gar nicht böse, weil er dem Dichter die Gelegenheit gibt, etwas für das Mädchen zu tun und dadurch ein Recht auf Belohnung zu erhalten.

Das unsterbliche Motiv der ritterlichen Hilfe für ein bedrohtes oder in Gefahr geratenes Mädchen wird in der vorliegenden Pastourelle parodiert: Denn es ist ein gattungsspezifisches Merkmal der Pastourelle, daß die Begegnung eines Dichters, Ritters oder Scholaren mit einer Hirtin an einem locus amoenus ohne einen großen Umweg zum Ziel führt. In dem vorliegenden Text führt jedoch ein Umweg über den Wolf, d. h. über die Tat, mit der sich der ritterliche Dichter die Zuneigung des Mädchens verdient.

In der Legende des Jacobus de Voragine vom heiligen Georg (Text 3 des 2. Teiles) wird das Motiv „Ritter hilft Mädchen" wiederkehren - allerdings ohne das happy end der Pastourelle. Georg erhält nicht die Königstochter zur Frau, und die Belohnung, die er für die Tötung des Drachens angeboten bekommt, läßt er an die Armen verteilen.

---

[1] Vgl. dazu Glücklich, H.-J.: Catulls Gedichte im Unterricht, Göttingen 1980, 19.
[2] Zur Pastourelle vgl. auch Naumann, H.: Dichtung für Schüler und Dichtung von Schülern im lateinischen Mittelalter, in: AU 17, 1, 1974, 63-84.

10. „Der Winter ist zu Ende." Das sieht und hört man überall. Die Frühlingsgöttin Flora läßt sich mit dem „süßtönenden Gesang" der Vögel in den Wäldern feiern. Die süße Philomena reimt sich mit serena, amoena, millena. Sie „schlägt die Zither zu ihrem Lied". Der Schwarm der Vögel hüpft durch den lieblichen Wald. Der Gesang der Vögel und besonders der Nachtigall ist wieder der akustische Rahmen der sich wiederbelebenden Natur und vor allem der Liebe und der allgemeinen Freude: Die Sonne lacht und ruft fröhliches Lachen hervor (Phoebus risum dat). Die Wiesen „lachen" in ihrer vielfältigen Blütenpracht. Der Chor der Mädchen singt tausendfache Freude. Überall ist süße Musik.

2. Teil

1. Der fröhliche Gesang der Vögel ist wieder zu hören: Der Frühling ist zurückgekehrt. Die Vögel kündigen Freude an. Die Nachtigall schlägt. Der Sommer naht, und die Grille freut sich. Der Wald ist erfüllt von Gesang, Jubelrufen, vielfältigem Pfeifen. Der Chor der Vögel, die Nachtigall und die Grille sind unmißverständliche Zeichen einer Erneuerung der Natur, der Wärme und Behaglichkeit. Die Vögel - und natürlich auch die Blumen - sind aber nicht die einzigen Requisiten des Frühlings und des Sommers. Die einladende Kulisse wird belebt durch Dryaden (Baumnymphen), Oreaden (Bergnymphen) und Satyrn. Das herrliche Geschehen wird durch die Anwesenheit der Götter ermöglicht: Phoebus, Flora, Jupiter und Venus. Die Liebesgöttin knüpft die Verbindung zwischen Mensch und Natur, indem sie Liebe und Leidenschaft weckt.

Die Nachtigall stand mit anderen Singvögeln schon bei den Griechen der Aphrodite-Venus nahe; sie kann daher als Begleiterin der Liebesgöttin deren Gegenwart ankündigen: Nachtigall bedeutet Liebe. Der Name der Nachtigall „Philomena" oder „Philomele" verweist auf einen schaurigen mythologischen Zusammenhang: Philomele war die Schwester von Procne, die mit Tereus, dem König von Thrakien, verheiratet war. Aus dieser Ehe ging Itys hervor. Tereus begehrte seine Schwägerin Philomele, vergewaltigte sie und schnitt ihr die Zunge heraus, um seine Untat geheim zu halten. Philomele offenbart ihrer Schwester das Verbrechen mit Hilfe einer bildlichen Darstellung. Die beiden Frauen rächen sich an Tereus, indem sie Itys wie ein Tier schlachten und seinem Vater als Mahlzeit vorsetzen. Als er dies merkt, will er Procne und Philomele töten. Die Schwestern entgehen dem Tod, weil sie in eine Schwalbe und eine Nachtigall verwandelt werden. Tereus erhält die Gestalt eines Wiedehopfs (Ovid, Met. 6, 424-674). Schon bei Vergil hat die Nachtigall den Namen

„Philomela" (Georg. 4, 511). Die Namensform „Philomela" ist durch die Anpassung an den Reim zu erklären: Philomela reimt sich auf amoena; dadurch wird auch eine reizvolle (klangliche) Verbindung zwischen den beiden Wörtern hergestellt.

Der Hinweis auf die mythologischen Hintergründe des Namens Philomele = Nachtigall vermag die Vielschichtigkeit des Phänomens „Liebe" zu veranschaulichen. Die „dulcis Philomena" hatte im Mythos das Begehren ihres Schwagers geweckt, hatte dadurch ungewollt die Ehe ihrer Schwester zerstört, war zur Komplizin einer Kindesmörderin geworden, hatte also gerade aufgrund ihres Liebreizes eine Kette furchtbarer Ereignisse ausgelöst: Philomele tritt ihrem Schwager in prachtvollen Gewändern gegenüber, noch herrlicher aber ist ihre Schönheit (forma). So muß Tereus entbrennen, und er entbrennt nicht anders, als wenn jemand ein Feuer legte an trockene Ähren oder Blätter. Das sei schon verständlich - meint der Dichter -, aber leider sei Tereus noch von seiner innata libido angestachelt worden, so daß das Verhängnis seinen Lauf nehmen mußte (Met. 6, 451-460). Die dulcis Philomena hatte also auch schon als Mädchen die Bedeutung, die sie nach ihrer Metamorphose in eine Nachtigall zur Geltung bringt.

2. Die Carmina Cantabrigiensia sind ein aus deutschen und französischen Liedersammlungen erwachsenes Repertoire von Preisliedern, erzählenden Liedern ernsten und heiteren Inhalts und Klageliedern[1] aus der Mitte des 11. Jahrhunderts. Levis exsurgit zephyrus ist das älteste mittelalterliche „Frauenlied", eine „Frauenklage"[2]. Die ersten drei Strophen beschreiben und bejubeln den Frühling, die letzten drei bringen den Kummer eines einsamen Mädchens zum Ausdruck. Antithesen und Parallelismen sind auch in vielen Einzelheiten zu beobachten: z. B. der Frühling bestreut die Erde mit Blumen, die Bäume und Wälder mit Laub (2. Str.); es bauen ihre Lager die Vierfüßler und ihre weichen Nester die Vögel (3. Str.); während ich dies mit meinen Augen sehe und mit meinen Ohren höre (4. Str.); angesichts so großer Freuden zerspringe ich vor Leid (4. Str.).

---

1) Ross, W.: Die Liebesgedichte im Cambridger Liederbuch (CC). Das Problem des ‚Frauenliedes' im Mittelalter, in: AU 20, 2, 1977, 40-62, bes. 44-47.
2) Text und Übersetzung auch bei Langosch, K.: Hymnen und Vagantenlieder, Basel/Stuttgart 1954, 102 f.

Die Frühlingsbeschreibung steht in einem gewollten Kontrast zur Klage in den Strophen 4-6. Mit dem quod der 4. Str. werden die Bilder und Laute der Strophen 1-3 zusammengefaßt: Die Klagende weist mit der Konjunktion dum (quod ... dum video ...) darauf hin, daß sie ihre Schwermut gleichzeitig mit dem Frühlingsgeschehen empfindet, nicht aber daß dieses die Ursache für ihre Gefühle ist. Sie hätte auch noch eine andere logische Beziehung herstellen können: „Obwohl ich dies ... sehe, bin ich traurig."

Die Tiere, die das Mädchen sieht und hört, gehören zur Szenerie des Frühlings; es sind wie in Text 8 des 1. Teiles (CB 90) vitula cum vitulo, caper et capella Paare oder Pärchen, die ihre Lager und Nester bauen (3. Str.), sich ihre Freude vom Herzen singen (sua decantant gaudia) und die Lust der Liebe genießen. In starkem Gegensatz zu den zahllosen Tierpaaren sieht sich das Mädchen allein (sola) dasitzen, ohne Aussicht darauf, an dem fröhlichen Treiben teilzuhaben. Während es dies (haec, das Geschehen in der Natur) im Herzen bewegt, wird es blaß, d. h. seine Gefühle sind so stark, daß sie körperlich sichtbar werden, und wenn es den Kopf hebt, vergehen ihm die Sinne (nec audio nec video)[1]. In der letzten Strophe bittet das Mädchen den Frühling um Gehör. Es redet ihn mit veris gratia an: „Frühling, sei mir gnädig, laß mich teilnehmen an dem Geschehen um mich herum ... denn mein Herz ist krank."

Die Klage des Mädchens steht in einem deutlichen Gegensatz zu der Pastourelle CB 90 (Text 8 des 1. Teiles), obwohl die Gedichte hinsichtlich der poetischen Funktion der Tiere voll übereinstimmen. Zunächst fällt der große Niveauunterschied in sprachlich-formaler Hinsicht auf. „Die Schäferin" hat beinahe den Charakter eines einfachen Kinderreimes. Auffallend ist z. B. die syntaktische Einfachheit von CB 90 gegenüber CC 40. Die Wortwahl ist denkbar schlicht, beinahe umgangssprachlich. Im Gegensatz dazu hat CC 40 poetisches Kolorit. Das zeigt sich z. B. in der Verwendung hochpoetischer Wörter (zephyrus, ver purpuratum, quadrupedes, volucres), in der Personifikation des Frühlings, in der Bildhaftigkeit der Darstellung und in der Assoziationsfülle ihrer Wörter, in der auf antike Vorbilder (Sappho-Catull) verweisenden Liebespathologie. Der entscheidende Unterschied zwischen dem klagenden Mädchen, das man sich als docta puella zu denken hat, und der Schäferin besteht natürlich darin, daß diese die Initiative ergreift und ohne Umwege „zur Sache kommt", während die klagende puella mit ihrer kranken Seele allein bleibt.

---

1) Vgl. Sappho 2 D. und Catull 51.

Die sehr interessante Frage, ob die „Klage des Mädchens" nun auch von einem Mädchen gedichtet worden ist, läßt sich nicht mehr beantworten. Man hat vermutet, daß eine Nonne oder Klosterschülerin den Text verfaßt habe[1]; aber da es schon in der Antike von Männern verfaßte „Frauenklagen" gegeben hat (z. B. Alkaios, Horaz, Carm. 3, 8; Ovid, Heroides)[2] kann der Dichter auch ein Mann gewesen sein.

3. Die Geschichte von Georg, dem Drachentöter, steht in der Legenda aurea des Jacobus de Voragine. Der Autor wurde 1228/30 in Vorago bei Genua geboren; mit 16 Jahren trat er in den Dominikanerorden ein. Von 1292 bis zu seinem Tode 1298 war er Erzbischof von Genua. Sein literarisches Hauptwerk ist die Sammlung von Heiligenlegenden, die im Mittelalter ein weit verbreitetes Volksbuch war und eine erhebliche Bedeutung für die religiöse Erziehung hatte. Sie trägt also ihren Titel Legenda aurea zu Recht[3]. Jacobus folgt in seiner Darstellung der Heiligen dem Kalenderjahr. Der heilige Georg wird also unter dem Datum des 23. April dargestellt. Der historische Georg stammt aus Kappadokien. Er war römischer Soldat und erlitt um 303 den Märtyrertod. Im Mittelalter wurde er als Volksheiliger verehrt. Seit dem 12. Jahrhundert wird er als Drachentöter zu Pferde dargestellt. Während der Kreuzzüge wurde er zum Heiligen der Ritter. In Deutschland sah man ihn als Inbild des christlichen Rittertums an.

Abgesehen davon, daß der draco pestifer, das todbringende Seeungeheuer, dem täglich zwei Schafe und später Menschen geopfert werden müssen, Gegenstand einer spannenden und zugleich rührenden Erzählung ist, gibt er dem heiligen Georg die Gelegenheit, seinen christlichen Glauben tatkräftig unter Beweis zu stellen. Georg hat Mitleid mit der weinenden Königstochter. Er versucht, sie zu trösten und zu beruhigen (noli timere). Als er den Grund ihrer Angst erfährt, verspricht er ihr in Christi Namen zu helfen. Vor dem Kampf mit dem Drachen schützt er sich mit dem Kreuz. Im Kampf legt er sein Schicksal in Gottes Hand. Den verängstigten Stadtbewohnern erklärt er, daß er von Gott geschickt worden sei, um sie von dem Ungeheuer zu be-

---

1) Dazu Ross, a. a. O., 46 f.
2) Ross weist auch auf Goethes Gretchenlieder und Mörikes „Verlassenes Mägdlein" hin.
3) Vgl. Zeck, K.: Des Jacobus de Voragine „Legenda aurea", in: AU 6, 4, 63-72. Zeck behandelt auch ausführlich die sprachlichen Besonderheiten des Jacobus. Eine Textauswahl ist bei Klett erschienen. - Vgl. auch Fink, G. - Fuhrmann, M.: Wunder und Wirklichkeit. Die Siebenschläferlegende des Jacobus de Voragine, in: AU 23, 4, 1980, 39-50.

freien. „Glaubt nur an Christus und laßt euch taufen." Nachdem alles überstanden ist, erbaut der König eine Kirche zu Ehren der Maria und des Georg. Das Geld, das Georg für seine Tat erhalten soll, läßt er unter die Armen verteilen.

Mitleid haben, Trost spenden, Angst nehmen, Schwachen helfen, Gottvertrauen haben, Glauben verbreiten, Selbstlosigkeit zeigen - das sind Erscheinungsformen einer vorbildlichen christlichen Moral, die Georg ohne Rücksicht auf die Gefahr für sein Leben bewiesen hat. Der Drache hat dieses tugendhafte Verhalten herausgefordert und möglich gemacht. In dieser Hinsicht hat das Ungeheuer dieselbe Funktion wie der böse Wolf in Text 9 des 1. Teiles, der Löwe des Hieronymus (s. u. Text 4) oder das Pantherweibchen in der Naturalis Historia des Plinius (Text 7 des 3. Teiles) und der Löwe des Androclus bei Gellius (Text 4 des 3. Teiles). Außer dem Drachen kommen in der Geschichte noch andere Tiere vor: Schafe als Opfergaben für das Ungeheuer und ein zahmer Hund, mit dem der besiegte und gebannte Drache verglichen wird. Weil der Drache am Ende so zahm ist wie der zahmste Hund, kann er - noch lebend - hinter der Königstochter herkriechen und in die Stadt geführt werden. Warum hat Georg den Drachen nicht gleich erschlagen? Im Text steht die Antwort: „Laßt euch taufen und ich werde diesen Drachen töten." Georg verwendet also den Drachen als Druckmittel. Er nutzt die Angst der Menschen aus, um sie zu Christen zu machen. Die Leute lassen sich taufen, und der heilige Georg tötet - daraufhin - den Drachen. Hätte Georg die Bestie am Leben gelassen, wenn die Stadtbewohner die Taufe verweigert hätten?

Der Kadaver wird schließlich von acht Ochsen aus der Stadt gezogen. Daraus läßt sich noch einmal ersehen, wie gewaltig das Ungeheuer war, das Georg mit Gottes Hilfe besiegt und dessen Tötung die Belohnung für die vollzogene Taufe gewesen ist.

4. Albrecht Dürer hat uns den schönen Kupferstich von 1514 „Hieronymus im Gehäuse" geschenkt. Einen zahmen Löwen, wie er im Vordergrund des Stiches zu sehen ist, erwähnt Jacobus de Voragine in der Legenda aurea: Eines Abends betrat ein hinkender Löwe das Kloster, Hieronymus begrüßte ihn als Gast. Der Löwe streckte ihm seine Tatze entgegen, in der ein Dorn steckte. Die Wunde wurde behandelt und geheilt. Der Löwe wurde daraufhin zahm wie ein Haustier (vgl. Gellius 5, 14, 5-28: Androclus und der Löwe). Da erkannte Hieronymus, daß ihm Gott den Löwen nicht so sehr wegen seiner kranken Tatze als vielmehr wegen seines Nutzens zugeführt hatte. Er gab ihm also die Aufgabe, einen Esel auf die Weide zu führen

und zu beschützen. Der Löwe erwies sich als zuverlässiger Hirte. Offensichtlich wurde der Esel erheblich besser behandelt als der Esel des Bauern in Text 2 des 1. Teiles. Eines Tages kamen Kaufleute mit Kamelen. Sie stahlen den Esel, während der Löwe schlief. Folglich mußte dieser allein nach Hause zurückkehren. Die Mönche waren nun der Meinung, der Löwe habe den Esel aufgefressen. Hieronymus ließ daraufhin den Löwen die Arbeit des Esels tun. Nach einiger Zeit kamen die Kaufleute zurück und hatten den Esel dabei. Der Löwe stürzte sich mit gewaltigem Gebrüll auf die Karawane und trieb die Kamele vor sich her zum Kloster. Die Kaufleute, die etwas später dort eintrafen, baten Hieronymus um Verzeihung für ihren Diebstahl. Er verzeiht ihnen und fordert sie auf, künftig auf fremdes Eigentum keinen Anspruch mehr zu erheben.

Der Löwe hat in mehrfacher Hinsicht eine Schlüsselfunktion: Er fordert Hieronymus zu tätiger Tierliebe heraus; er ist der lebendige Beweis dafür, daß die Güte des Hieronymus selbst ein wildes Tier zu zähmen vermag und zu einem nützlichen Glied der Klostergemeinschaft werden läßt. Schon bei seinem ersten Erscheinen ruft der Löwe unterschiedliche Reaktionen hervor. H.s Mitbrüder haben Angst; er selbst nimmt das Tier freundlich auf. Der weitere Umgang mit dem Tier läßt die menschliche Überlegenheit des Hieronymus über seine Mitbrüder hervortreten. Nach dem Verschwinden des Esels glauben die anderen sofort, daß der Löwe seinen Schützling gefressen habe. Hieronymus hingegen schließt sich diesem Verdacht nicht an. Als die Diebe im Kloster erscheinen, werden sie freundlich empfangen. Hieronymus verzeiht ihnen.

Es ist nicht auszuschließen, daß der Löwe eine allegorische Figur für einen Asozialen ist, der durch die Güte und Weisheit des Hieronymus seinen Weg zurück in die Gesellschaft gefunden hat, dann jedoch wieder in den Verdacht gerät, ein Verbrechen begangen zu haben, und am Ende voll rehabilitiert wird. Dieser glückliche Ausgang wurde jedoch allein durch das Verhalten des Hieronymus möglich.

5. Der vorliegende Textausschnitt kennzeichnet bereits zu Beginn das besondere Verhältnis des Franciscus zu den Tieren: Er ermahnt alle Geschöpfe zur Liebe für ihren Schöpfer, er hält den Vögeln Predigten und wird von ihnen gehört (sie verstehen ihn)[1]. Sie gehorchen ihm und lassen sich von ihm zur Aufmerksamkeit rufen:

---

1) Die Deutsche Bundespost hat anläßlich des 87. Deutschen Katholikentages in Düsseldorf 1982 eine Briefmarke mit dem Motiv des zu den Tieren predigenden Franciscus herausgegeben.

Wenn die Schwalben während seiner Predigt schwatzen, dann ruft er sie zur Ruhe, und sie sind sofort still. Sogar eine Grille, die er mit „Schwester" anspricht, springt ihm, als er es befiehlt, auf die Hand. Dann fordert er sie auf, zu singen und ihren Herrn zu loben. Er hebt die Regenwürmer auf, damit sie nicht zertreten werden. Den Bienen läßt er Nahrung hinstellen, damit sie im Winter nicht verhungern. Alle Tiere nennt er Brüder. Er wehrt sich sogar gegen eine große Tonsur: Er möchte, daß die Flöhe, seine Brüder, auf seinem Kopf eine Wohnung haben.

Aber die Tiere sind für Franciscus keine Objekte einer exzentrischen Tierliebe. Grillen, Regenwürmer oder Flöhe werden von Menschen auch nicht geliebt. Regenwürmer hält der Kleingärtner mit Recht für sehr nützlich. Flöhe gelten aber als peinlich, als Zeichen des Asozialen. Die Zuwendung zu Schwalben und Bienen läßt sich leichter nachvollziehen. Franciscus liebt die Tiere nicht um ihrer selbst willen. Er liebt allein Gott und fordert alle Geschöpfe auf, Gott zu lieben und zu preisen. Es ist vielleicht zu weit gegriffen, die Tiere als Symbole für Menschen oder Menschengruppen zu deuten. Dennoch stellt sich diese Überlegung unweigerlich ein, wenn Franciscus, der Praktiker der Nächstenliebe, erklärt, daß auch die an sich so schädlichen, so unangenehmen und lästigen Flöhe bei ihm eine Behausung haben sollen. Wenn man die Tierwelt als eine Allegorie der menschlichen Gesellschaft und vor allem ihrer Randgruppen interpretieren will, dann tritt der Text in einen besonders scharfen Gegensatz zu der Realität, die z. B. im Cantus de lepore (Text 1) des 1. Teiles und im „Tod des Esels" (Text 2 des 1. Teiles) gebrandmarkt wird. Nimmt man die Tiere des Franciscus als wirkliche Tiere, dann wird der Gegensatz noch krasser: Denn Franciscus achtet und schützt selbst die niedersten und scheinbar nutzlosen Tiere als Geschöpfe Gottes. Der Eselsschinder hingegen läßt sogar einen Menschen zugrundegehen, der ihm in der Rolle eines demütigen und schicksalsergebenen Esels treu gedient hat.

Wenn man die drei Texte aus der Legenda aurea gelesen hat, sollte man sich die Gelegenheit nicht entgehen lassen, den literaturwissenschaftlichen Begriff der Legende zu definieren: Legende, lat. legenda, das Lesenswerte, ursprünglich die Lesung ausgewählter Kapitel aus dem Leben eines Heiligen am Tag seines Festes im Kalenderjahr; später wird die Legende ganz allgemein zur religiös erbaulichen Erzählung vom Leben und Leiden eines Heiligen, an dem Gottes Wirken auf übernatürliche Weise im irdischen Geschehen veranschaulicht wird[1]. Eine Abgrenzung der Legende gegen das Märchen und die Sage ist mit Hilfe entsprechender Beispiele vorzunehmen.

6. Der Text stammt aus dem Dialogus miraculorum des Caesarius von Heisterbach (10, 64). Die Lektüre dieses um 1180 in Köln geborenen und seit 1188/89 im Zisterzienserkloster Heisterbach lebenden und wirkenden Autors wird immer wieder empfohlen[2]. Die Texte seien so leicht, daß der Schüler nach einigem Einlesen die eine oder andere Geschichte noch vor der Übersetzung oder ganz ohne sie verstehen könne: „Von welchem anderen lateinischen Autor ließe sich sagen, daß er diese höchste Zielforderung des Lateinunterrichts erfüllbar machte?"[3] Das Thema des Textes wird von Caesarius selbst genannt: eine res mirabilis de lupa. Das „Wunderbare" an dieser Geschichte ist die Hartnäckigkeit und Zielsicherheit, mit der eine Wölfin an einem Menschen Rache nimmt. Ein Schüler aus Kerpen bei Bergheim (Erft) begeht eine bestialische Tat der Tierquälerei an jungen Wölfen. Während eines Ausflugs, von dem es ausdrücklich heißt, daß er genehmigt war, entdecken die Schüler im Wald eine Höhle. Dort befindet sich ein Nest mit jungen Wölfen. Die Mutter ist nicht da. Die Schüler werfen alle Jungen hinaus. Einer schlägt den Kleinen mit einer Axt die Pfoten ab. Die Mutter findet bei ihrer Rückkehr ihre verstümmelten und wahrscheinlich verendeten Jungen und nimmt ohne Rücksicht auf sich selbst die Verfolgung des Täters auf. Schließlich tötet sie den Verbrecher, indem sie ihm die Kehle zerfetzt, wird daraufhin aber selbst erschlagen. Sie erleidet am Ende dasselbe Schicksal wie der Wolf in der Fabel des Odo (Text 3a des 1. Teiles).

Was teilt uns diese Tiergeschichte über den Menschen mit? Der Autor will die erstaunliche Tatsache mitteilen, daß ein Tier gegen alle Widerstände seine Rachegedanken in die Tat umsetzt und dabei sein Leben verliert. Das ist die res mirabilis de lupa. Der Erzähler verzichtet völlig auf eine Stellungnahme zu der Schandtat des Scholaren. Sie ist nur der Auslöser für das unstillbare Racheverlangen des Tieres, das wie ein Mensch zu handeln scheint. Das Ende des Tierquälers wird ebensowenig reflektiert. Der Text hat vielmehr den

---

1) Vgl. Braak, I.: Poetik in Stichworten. Literaturwissenschaftliche Grundbegriffe, Kiel (4. Aufl.) 1972, 176-178. Dazu auch Fink, G. - Fuhrmann, M. in: AU 23, 4, 1980, 39-50.
2) Schönfeld, H.: Caesarius von Heisterbachs Miracula, in: AU 3, 4, 1958, 99-107; Klowski, J.: Erläuterungen zu den Texten der Übergangslektüre, in: AU 18, 5, 1975, 63-78. Vgl. auch die Beilage 1 zu AU 18, 5, 1975 („Ohrfeigen gegen Barzahlung").
3) Schönfeld, a. a. O., 105.

Charakter eines nüchternen Polizeiberichts, der sich jeder moralischen Stellungnahme enthält. Dennoch beweist die Schilderung insgesamt die Angst vor dem Wolf, der als böser und unbedingt zu vernichtender Feind des Menschen gefürchtet wird. Daraus erklärt sich vielleicht auch die Grausamkeit des Scholaren. Etwas seltsam mutet es übrigens an, daß der Schüler eine Axt bei sich hat. Wozu braucht er diese? Hatte er sie als Waffe mitgenommen, um sich gegen wilde Tiere wehren zu können?

Wenn man zuvor die Geschichte über die Flöhe des Franz von Assisi gelesen hat, dann erscheint der gewiß in christlichem Geist erzogene Schüler - der Abt Daniel war der Leiter der Schule - als ein über die Maßen grausamer Bursche, dessen Tat nicht nur mit franziskanischem Christentum unvereinbar ist. Die Verstümmelung der jungen Wölfe ist auch ein drastisches Gegenbild zu der von Plinius erzählten Geschichte (Text 7 des 3. Teiles), in der ein Wanderer einem Pantherweibchen die Jungen wiedergibt, die in eine Grube gefallen waren - von Hieronymus (Text 4 des 2. Teiles) oder Androclus (Text 4 des 3. Teiles) ganz zu schweigen.

7. Der Stier und der Löwe unseres Textes[1]) dienen Pippin dazu, seine Autorität zu stärken. Er läßt die beiden Bestien aufeinander los. Der Löwe verbeißt sich in den Nacken des Stieres. Pippin fordert die Zuschauer - unter diesen auch seine Kritiker - auf, die Tiere voneinander zu trennen. Niemand wagt es. Es gäbe keinen Menschen unter der Sonne, der dieses gefährliche Risiko auf sich nähme. Da springt Pippin selbst in die Arena und schlägt den Tieren mit einem Streich seines Schwertes die Köpfe ab. Darauf bestreitet ihm niemand mehr sein Recht auf die Herrschaft.

Mit der Tötung der wilden Tiere bringt Pippin die heimlichen Schmähungen seiner Heerführer zum Schweigen. Er braucht besonders gefährliche Tiere, um seinen Mut vor aller Augen zu beweisen. Er setzt sozusagen alles auf eine Karte, indem er sich auf die rasenden Bestien stürzt, um sie entweder zu erschlagen oder um selbst getötet zu werden. Löwe und Stier sind nicht etwa Symbole der Macht. Sie werden vernichtet, um Macht zu begründen.

Vergleicht man die Szene aus dem Dialogus miraculorum (Text 6 des 2. Teiles) mit diesem Text, so stimmen sie vordergründig darin

---

1) Zu Notker s. Fuhrmann, M. - Fink, G.: Erwartungshorizont und Lesersteuerung: Drei Beispiele aus Notkers Gesta Karoli, in: AU 23, 3, 1980, 42-53.

überein, daß Tiere von Menschen getötet werden. Der Unterschied besteht aber darin, daß der erbärmliche Scholar wehrlose Jungtiere quält und ermordet, während Pippin sich unter höchster Lebensgefahr auf zwei gewaltige Bestien stürzt - wie ein Gladiator im römischen Amphitheater. Der Scholar beweist mit seiner Tat Feigheit und Schwäche (Angst vor dem Wolf). Pippin hingegen zeigt Todesverachtung und gewaltige Kraft. Der Schüler verschuldet mit seinem Tun seinen eigenen gräßlichen Tod. Pippin legitimiert mit dem mutigen Beweis seiner Stärke seinen Anspruch auf Herrschaft. Er verdient sich seine Position, so wie der Dichter in CB 157 (Text 9 des 1. Teiles) durch die Tötung des bösen Wolfes das Hirtenmädchen gewinnt.

8. „Die gefüllte Sau" ist ein Stück Prosa aus einem größeren Zusammenhang, den man eigentlich kennen müßte, um in den vollen Genuß des Textes zu kommen. Eine kurze Einführung in die Szenerie ist unerläßlich. Trimalchio, der Gastgeber, hatte kurz zuvor seine „Bildung" unter Beweis gestellt und griechische Mythen in grotesker Verwirrung zum Besten gegeben. Diese Äußerungen gehören ebenso zum Imponiergehabe des Gastgebers wie die folgende Inszenierung des porcus Troianus[1].

Als die Brat- und Blutwürste aus dem Leib des scheinbar noch gar nicht ausgenommenen Schweines purzeln, klatscht die ganze Partygesellschaft Beifall. Für Trimalchio war es ein voller Erfolg. Das trojanische Schwein gehört - wie gesagt - zu den Gags, mit denen Trimalchio seine Gäste überraschen und erheitern will. Was aber wäre geschehen, wenn das Schwein tatsächlich nicht ausgeweidet worden wäre. Dann wäre der verantwortliche Sklave von den beiden Folterknechten blutig oder sogar zu Tode gepeitscht worden. Diese Möglichkeit erhellt blitzartig die Lage der römischen Sklaven. Man sollte dies auch angesichts des gelungenen Überraschungseffekts nicht vergessen. Nicht ohne Grund bitten die anwesenden Gäste Trimalchio darum, Gnade vor Recht ergehen zu lassen.

Welche Rolle spielen die anderen Tiere, die außer dem alles beherrschenden Schwein im Text erwähnt werden? Nicht einmal einen Haushahn - so heißt es - hätte man so schnell garkochen können wie diese riesige Sau. Der Vergleich soll das enorme Tempo der Zubereitung herausstellen. Der Fisch wird vom Erzähler der Geschichte ins Gespräch gebracht, um dessen Unnachsichtigkeit zu dokumentieren: „Wie kann man nur vergessen, ein Schwein auszunehmen?

---

[1] Zur Interpretation vgl. Frings, U., in: Aditus III. Lehrerhandbuch, Würzburg 1975, 129 f.

Ich hätte es dem Kerl nicht einmal verziehen, wenn er vergessen hätte, einen Fisch auszunehmen." Fisch und Hahn, die ebenso wie das Schwein auf der Speisekarte des wohlhabenden Römers stehen, dienen in unserem Zusammenhang der Verstärkung der dramatischen Wirkung. Mit ihrer Hilfe wird einerseits der Überraschungseffekt erhöht und andererseits die Spannung angesichts der drohenden Exekution des Koches vergrößert.

Das Thema „Tiere auf der Speisekarte" wird in der vorliegenden Sammlung mehrfach angesprochen. So werden der Hase im Cantus de lepore (Text 1 des 1. Teiles) und der gebratene Schwan (Text 7 des 1. Teiles) - wenigstens vordergründig - als kulinarische Leckerbissen vorgestellt, und das „gestohlene Schwein (Text 6 des 1. Teiles) in der Fazetie des Poggio war eigentlich für ein fröhliches Schlachtessen bestimmt.

9. „Der Werwolf" aus Petrons Satyricon (61, 6-62) ist eine kurze, aber spannende „Novelle", eine Horrorgeschichte[1]. Vielleicht läßt sich an diesem Text exemplarisch eine kleine Theorie der Novelle darstellen: Wenige Personen handeln in einer überschaubaren, einfach strukturierten Situation; den Personen sind bestimmte Schauplätze zugeordnet; sie agieren vor bestimmten „Bühnenbildern". Im Mittelpunkt des Geschehens steht ein dramatisches Ereignis. Der Erzähler unterbricht seine Schilderung mehrfach durch kommentierende Bemerkungen. Man sollte die Frage aufwerfen, ob der Autor diesen „Thriller" nur zur Unterhaltung seines Publikums erzählen läßt oder ob er nicht vielmehr noch eine andere Absicht verfolgt. „Gespenstergeschichten" hatten sicher eine große Bedeutung im Rahmen der antiken Trivialliteratur; Petron aber könnte mit dem „Werwolf" auch menschliches Fehlverhalten demonstrieren wollen, das sich hier vor allem als Aberglaube von mitunter selbstzerstörerischer Wirkung erweist. Der „Werwolf" wäre demnach ein Beispiel für die Irrwege menschlicher Einbildungskraft.

10. Martial (1, 109) läßt den Leser zunächst im Ungewissen darüber, wer oder was Issa ist. Daß mit Issa die im ersten illyrischen Krieg an Rom gefallene Insel an der Dalmatinischen Küste gemeint sein könnte, wird wohl niemand vermuten: Das schließt bereits die erste Zeile aus. Daß Issa - vielleicht als Verniedlichung des Pronomens

---

1) Vgl. zu diesem Text auch Lühr, F.-F.: Res inauditae, incredulae. Aspekte lateinischer Unterhaltungsliteratur bei Petronius, Plinius dem Jüngeren und Gellius, in: AU 19, 1, 1976, 5-19, bes. 9-11.

ipsa - der Name eines Hündchens ist, erfahren wir erst in der 5. Zeile. Genauer: Es handelt sich um ein Schoßhündchen, das nicht nur über quasi-menschliche Eigenschaften verfügt, sondern auch stubenrein ist und Venus nicht kennt, weil sein Besitzer keinen Rüden gefunden hat, der seiner würdig gewesen wäre. Um das Tier unsterblich werden zu lassen, hat Publius, sein Herrchen, es porträtieren lassen. Das Bild ist so lebensecht, daß man die echte Issa von ihrem Bild kaum unterscheiden kann.

Das im Versmaß des Hendekasyllabus abgefaßte Gedicht spielt zwar ausdrücklich auf Catulls Passer-Gedichte an, ist aber keine Parodie dieser Texte. Martial ironisiert vielmehr übertriebene Tierliebe: Issa hat die Stelle einer Lebensgefährtin, die beinahe über menschliche Sprache verfügt und die Gefühle ihres Herrn wahrnimmt; sie schläft bei ihm, ist äußerst rücksichtsvoll, wenn sie „Gassi gehen" muß. Sie ist ihrem Herrn gleichsam in ehelicher Treue verbunden. Sie besitzt die Kardinaltugend einer römischen Ehefrau: pudor. Sie ist eine casta catella, ein keusches „Kätzchen".

Der geradezu beängstigenden Vermenschlichung des Tieres entspricht seine totale Denaturierung. Issa, die man sich nicht als großen Hund (z. B. Schäferhund, Windhund oder Dogge) vorstellen kann, ist wahrscheinlich ein Spitz, ein in der Antike sehr beliebter Schoßhund.

Hunde sind oft gemalt oder im Mosaik dargestellt worden. Am bekanntesten ist das Cave-canem-Motiv mit dem Kettenhund. Aus Petrons Cena Trimalchionis kennen wir auch ein wirklich naturgetreu dargestelltes Exemplar dieser Gattung (Sat. 29): „Im übrigen wäre ich selber, während ich alles bestaunte, fast hintüber gefallen und hätte mir die Beine gebrochen. Denn links vom Eingang war unfern der Portiersloge ein riesiger Kettenhund an die Wand gemalt, und darüber stand in Großbuchstaben: Warnung vor dem Hunde."

Man sollte auch nicht übersehen, daß „Hund" oder „Hündin" ein Schimpfwort war. Fortunata tituliert ihren Gatten Trimalchio mit „canis" (Sat. 74), nachdem sie ihn vorher als „Unflat" und „Schandkerl" beschimpft hatte. „Canis" ist also ein Superlativ. Der Beschimpfte wirft daraufhin seiner Fortunata einen Becher ins Gesicht.

Bei der Lektüre des Issa-Gedichts sollte man die auffallendsten Stilfiguren und Tropen nicht übergehen: z. B. die Anapher (1-5), den Chiasmus (passere nequior ... purior osculo, 1-2; deponi ... levari, 13), die vielen Alliterationen, die Hyperbeln (blandior omnibus puellis, 3), das Hyperbaton (castae ... catellae, 13), die Metonymie

(Venus, 15), den Parallelismus (22-23), die Metapher (lux ... suprema, 17), das Homoioteleuton (3, 4; 16-23).

Im Rahmen der vorliegenden Textsammlung steht das Issa-Gedicht in einem gedanklichen Zusammenhang mit der Poggio-Fazetie „Der Bischof und der Hund" (Text 5 des 1. Teiles). Denn in beiden Beispielen geht es um eine Tierliebe, die das normale Maß überschreitet. Der Unterschied besteht jedoch darin, daß das Epigramm die Tierliebe ironisiert, während die Fazetie die überraschende Lösung des Konflikts, der sich aus der Liebe zum Tier ergeben hat, vorführt. Auch zu dem Eselsgedicht (Text 2 des 1. Teiles) steht das Martialepigramm in einem Spannungsverhältnis: Jenes dokumentiert eine extreme Form der Mißhandlung eines Tieres, während dieses eine extreme Form seiner Verwöhnung und Vermenschlichung vor Augen führt, die nicht selten auch in Tierquälerei ausartet.

3. Teil

1. Prudentius (348-405), Zeitgenosse der Kirchenväter Augustin, Hieronymus und Ambrosius, war römischer Provinzstatthalter, wurde Christ, zog sich aus der Welt zurück, um in christlicher Askese zu leben. Ob die Abfolge „Weltverstrickung-Umkehr-Askese", die sich bei Augustin und Hieronymus tatsächlich vollzogen hatte und gleichsam als Modell christlichen Wandels galt, auch im Falle von Prudenz der Wirklichkeit entsprach, ist nicht sicher. In der von ihm selbst verfaßten Praefatio zu seinen Werken behauptet er, daß er diesen Weg gegangen sei. Vielleicht wollte er sich auf diese Weise lediglich als christlicher Dichter ausweisen[1].

Im Mittelalter wurde Prudenz zum poeta Christianus schlechthin erhoben; seine Dichtungen waren in der gesamten lateinischen Welt verbreitet. Sein Ruhm gründete sich vor allem auf seine Hymnensammlung (Cathemerinon), auf vierzehn Gedichte über das Leben von Märtyrern (Peristephanon) und auf das allegorische Epos „Psychomachia", das den inneren Kampf zwischen Tugenden und Lastern darstellt.

In der Spätantike bedurfte christliche Dichtung der besonderen Legitimation. Denn sie schloß die Verwendung heidnischer Formen und literarischer Kriterien ein, die dem Gebot christlicher simplicitas wi-

---

[1] Fuhrmann, M.: Ad Galli Cantum. Ein Hymnus des Prudenz als Paradigma christlicher Dichtung, in: AU 14, 3, 1971, 82-106. Fuhrmann gibt auch eine literarhistorische Einführung in die Spätantike.

dersprachen. Der „Kult der schönen Form" schien mit den Vorstellungen von christlicher Askese nicht vereinbar[1]). Das galt auch für die Prosa. So hielt es z. B. der Ciceronianer Laktanz für unerläßlich, seine Darstellungsweise zu rechtfertigen: Die göttliche Wahrheit dringe leichter zum Herzen, wenn sie sich einer schönen Sprache bediene (vgl. Laktanz, Divinae institutiones 1, 1, 10; 5, 1, 9-28).

Prudenz verstand seine Existenz als Dichter als Rückzug aus der Welt und legitimierte sie auf diese Weise als Gottesdienst. Damit ist zugleich ein grundlegendes Merkmal altchristlicher Dichtung skizziert: Sie ist stets bezogen auf die christliche Religion; ihre formale Schönheit bedarf der religiösen Rechtfertigung; sie ist also nicht autonom, sondern steht im Dienst einer höheren Sache[2]). Sie hat einen missionarisch-propagandistischen Auftrag. Sie will den Glauben fördern und den Leser in seiner christlichen Lebenspraxis bestärken. Ihr wesentliches Merkmal ist also ihre Lehrhaftigkeit. Um mit Erfolg „lehren" zu können, mußte der Dichter wirksame Mittel aufbieten. Am wichtigsten war es wohl, die Inhalte des Glaubens so anschaulich und sinnfällig wie möglich werden zu lassen. Dazu diente u. a. die bildliche Aussageweise der Allegorie und die Allegorese, d. i. die Deutung eines eigentlich nicht allegorisch gemeinten Sinngehalts als Allegorie. (Ein Beispiel: Paulus, 1. Kor. 10, 1-11 und Gal. 4, 21-31 deutet die beiden Söhne Abrahams, den Sohn der Magd und den Sohn der Freien, als die beiden Testamente, als Gesetz und Freiheit, als Synagoge und Ekklesia.)

Mit der heteronomen Orientierung (Dichtung als Gottesdienst), der Lehrhaftigkeit und der allegorischen Technik konnte die christliche Dichtung vor den Normen des europäischen Klassizismus nicht mehr bestehen. Denn für diesen war Kunst autonom und Wesenserfüllung des schöpferischen Menschen.

In dem Hymnus ad Galli Cantum bringt Prudentius den Hahnenschrei am Morgen mit Elementen der christlichen Heilsbotschaft in Verbindung. Der Hahn und sein morgentlicher Weckruf (1.-3. Str. mit dem eigentlichen Weckruf) werden allegorisch gedeutet. Der Hahn ist ein Sinnbild (figura, 4. Strophe). Die Allegorie im engeren Sinne reicht zunächst bis zur 9. Strophe. Darauf folgt ein Hinweis (10.-12. Str.) auf die tatsächliche Wirkung des Hahnes: Er verjagt nächtliche Geister, die das Licht (lux) scheuen; sie wissen nämlich, daß das Licht Zeichen der Hoffnung auf Gottes Ankunft ist. Die Bedeutung des

---

1) Fuhrmann, a. a. O., 87 f.
2) Fuhrmann, a. a. O., bes. 89-95.

Hahnes hat der Heiland bereits an Petrus veranschaulicht (13.-16. Str.): Mit dem Hahnenschrei hörte er auf zu sündigen. In den Strophen 17-18 wird der Hahnenschrei mit der Auferstehung Christi in Verbindung gebracht, die Prudentius als Überwindung des Todes deutet. Mit den Strophen 19-25 werden die Konsequenzen aus dem bisherigen Gedankengang gezogen: Die Entschlossenheit zum Ablassen von der Sünde, der Wunsch zur Anrufung Jesu, der Wille, in Zukunft wach zu sein und sich von irdischem Streben abzukehren.

Schon die erste Strophe enthält nicht etwa einen einfachen Vergleich: Wie der Hahn am Morgen den Tag ankündigt, so ruft Christus zum (wahren, ewigen) Leben. „Der Hahnenschrei soll nicht einfach Christi Anruf zum Leben illustrieren. Er steht für diesen Anruf, er bedeutet ihn, und ebenso steht das Tageslicht für das ewige Leben. Der Hahn und das Tageslicht sind gleichsam ein Text, dem sich eine bestimmte Bedeutung, eine Grundtatsache der christlichen Lehre ablesen läßt: der Anruf, den Christus an jeden Menschen richtet, die Botschaft, die demjenigen, der sie vernimmt, das ewige Leben verheißt"[1].

Es versteht sich von selbst, daß Bildsphäre (Hahn usw.) und Sinnsphäre (Christus usw.) nicht immer genau korrespondieren können. Darauf kommt es dem Autor wohl auch gar nicht an. Die Grundtendenz des Textes, die Darstellung christlichen Heilsgeschehens, schließt eine zu weit und zu sehr ins einzelne gehende Auswertung der Gleichsetzung von Hahn und Christus aus. Die Bildsphäre entwickelt mitunter ein poetisches Eigenleben; es entzieht sich der Übertragung in die Sinnsphäre (z. B. 6. Str.: Beschreibung der Morgenröte). Die Bilder sind also nicht immer als Chiffren für etwas Geistiges aufzufassen.

Vielleicht erscheint die Gleichsetzung von Hahn und Christus dem heutigen Menschen als unangebracht oder gar geschmacklos. Das mag durch verschiedene Assoziationen bedingt sein, die das Wort „Hahn" heute hervorruft. Man denke nur an Hähnchenbratereien und entsprechende Hähnchenproduktionsstätten. Bei der Lektüre des Prudentius-Hymnus muß man jedoch bedenken, daß die christliche Allegorie ein Versuch sein will, „die ganze natürliche Welt und alle ihre Erscheinungen als ein Buch zu verstehen, das von demselben Geschehen berichtet wie das Evangelium, oder, anders ausgedrückt, die Welt als die ins Bild gehüllte unendliche häufige und mannigfaltige Wiederholung des biblischen Geschehens zu interpretieren

---

[1] Fuhrmann, AU 14, 3, 1971, 96.

und hierdurch darzutun, daß jenes zeitliche Geschehen zeitlose Gültigkeit beansprucht"[1].

Der Hahn galt übrigens schon im alten Iran als Lichtkünder und Symbol der Wahrheit. Bei den Griechen war er Sinnbild der Wachsamkeit und des kämpferischen Mutes (Hahnenkämpfe). Als Licht- und Wetterkünder hatte er eine prophetische Funktion (vgl. das römische Hühnerorakel, für das das Fressen der Tiere beobachtet wurde). Wegen seines Rufes am Morgen galt der Hahn als Abwehrer des Bösen. Im Kult des Asklepios wurde er mit dem Heilen in Verbindung gebracht. Daher konnte auch Sokrates kurz vor seinem Tode sagen: „Kriton, wir schulden Asklepios einen Hahn; opfert ihm den und versäumt es nicht" (Phaidon 118). Soll der Hahn als Dankopfer für die Genesung von der Krankheit des Lebens geopfert werden, wie Romano Guardino meinte?[2]

Aufgrund ihrer Vieldeutigkeit und Unschärfe ist die Allegorie, wie sie von Prudentius im Hymnus ad Galli Cantum gestaltet ist, vorzüglich geeignet, „auf sämtliche Bereiche von Christi Wirken zu verweisen und alles das auszudrücken, was der Name Christus dem Christen bedeutet. Christliche allegorische Dichtung ist in Kunst transportierte Christologie"[3].

Hinsichtlich seines christlichen Themas besteht zwischen dem Hymnus ad Galli Cantum einerseits und den Heiligenlegenden des Jacobus de Voragine (Texte 3-5 des 2. Teiles und den Fabeln des Odo (Texte 3a u. 4a des 1. Teiles) andererseits eine enge Beziehung. Der allegorische Charakter der Tiere ist in den Fabeln des Odo handgreiflich. Odo selbst deutet die Tiere als Bilder für Inhalte christlicher Weltdeutung. Im Falle der Heiligenlegenden wird das Verhältnis der Heiligen zu den Tieren sehr anschaulich dargestellt; Jacobus selbst gibt dem Leser keinen so deutlichen Interpretationshinweis wie Odo und Prudentius. Wenn aber die Legenden nicht nur unterhalten, sondern auch erbauen und belehren wollten, wie es tatsächlich der Fall war, dann war eine allegorische Deutung unumgänglich.

---

1) Fuhrmann, AU 14, 3, 1971, 101.
2) Auch Friedländer, P.: Platon, Bd. 3, Berlin ²1960, 54 versteht das Opfer des Hahnes als ein Opfer an den heilenden Gott; denn das Gift, das Sokrates trinkt, ist in Wirklichkeit ein Heilmittel.
3) Fuhrmann, a. a. O., 106.

2. Ambrosius (339-397) gilt als der Vater des abendländischen Kirchengesangs. Im ganzen Mittelalter wurden seine Hymnen beim Stundengebet, den Horen, gesungen bzw. gebetet: zur Zeit des Ambrosius 2-3 Stunden vor Sonnenaufgang, dann bei Sonnenaufgang, zum Arbeitsbeginn usw. Das Versmaß des vorliegenden Hymnus[1] ist ein akatalektischer iambischer Dimeter; der Hymnus kann aber auch rhythmisch gelesen werden. Nach der Anrufung des Schöpfers in der 1. Strophe wird in der 2. Strophe der „Verkünder des Tages" vorgestellt und seine Bedeutung skizziert. In der 3. Strophe stellt Ambrosius fest, daß der „Verkünder des Tages" den Morgenstern weckt, die Finsternis verscheucht, die Landstreicher (errones) von den Straßen vertreibt. In der 4. Strophe heißt es, durch den Ruf des „Verkünders des Tages" werde der Schiffer dazu gebracht, seine Arbeit aufzunehmen, das Meer beruhige sich, der Fels der Kirche (Petrus) lösche seine Schuld. In der 5. Strophe erfahren wir endlich, daß mit dem praeco diei der Hahn (gallus) gemeint ist: Weil das alles so ist, wollen wir also mutig aufstehen; der Hahn weckt die Schlaftrunkenen und rügt diejenigen, die nicht aufstehen wollen. Während der Hahn schreit - so die 6. Strophe - kehrt die Hoffnung (spes) zurück, werden die Kranken gesund, steckt der Räuber seinen Dolch ein, fassen die Gestrauchelten neuen Mut (fides). In der 7. Strophe wird Jesus gebeten, sich um die Strauchelnden zu kümmern und uns auf den richtigen Weg zu bringen. Denn dann bekommen wir einen festen Halt, und die Schuld wird durch sichtbare Reue (fletus) vergeben. In der 8. Strophe wird Jesus mit „Licht" angeredet, das den Sinnen leuchten und die Trägheit des Geistes vertreiben möge. Jesus soll als erster gepriesen werden; ihm zu Ehren wollen wir singen.

Die Identität von gallus und Jesus ist offenkundig. Zumindest ist der Hahn mit Jesus sinnbildlich verknüpft. Beide sind Lichtbringer. In der 2. Strophe wird der Hahn als praeco diei mit lux gleichgesetzt. In der 8. Strophe wird Jesus mit lux angeredet. Die Eigenschaften und Leistungen des Hahnes entsprechen voll und ganz Jesu Bedeutung für die Welt.

Wenn man die Gleichsetzung von gallus und Jesus verstanden hat, dann erhalten mehrere Verse einen tieferen Hintergrund. So bedeutet z. B. hoc ... canente in der 4. Strophe nicht einfach nur „wenn der Hahn kräht, beginnt der Schiffer mit seiner Arbeit": „Durch die Worte Christi beginnt der Seelenfischer (LK 5, 10) seine Arbeit, die Wellen verlieren ihre Kraft. Letzteres erinnert an den schlafenden Jesus,

---

1) Text und Übersetzung bei Langosch, K.: Hymnen und Vagantenlieder, Basel/Stuttgart 1954, 8f.; s. auch AU 17, 1, 1974, 20.

den die ängstlichen Jünger auf dem See Genezareth weckten und
der dem Sturm und den Wellen Einhalt gebot (Mt. 8, 23 ff.). petra
ecclesiae in Strophe 4 meint den Apostel Petrus, der sich durch den
Schrei des Hahnes (hoc ... canente) an seinen Verrat erinnert und
seine Schuld durch Tränen tilgt (diluere). petra ecclesiae meint andererseits die Kirche und ihre Priester, die auf Christi Wort hin (hoc
... canente) die Schuld der Sünden tilgen. Beim Hahnenschrei oder
durch die Worte Christi (gallo ... canente Strophe 6) schöpft der
Mensch und besonders der kranke bzw. sündige Mensch Hoffnung.
Das Bild vom Hahn als nocturna lux viantibus in Strophe 2 ist erst
verständlich, wenn erkannt wird, daß gallus als Sinnbild für Christus
steht, der nach Joh. 13, 34/35 das Licht in der Finsternis ist"[1]).

3. Gellius, der um 130 nach Chr. geborene und in Rom lebende und
zeitweilig in Athen arbeitende Autor der „Noctes Atticae", referiert
mit der „Haubenlerche" eine äsopische Fabel. Mit dem Lob des
Aesop bringt Gellius eigentlich auch sein eigenes Programm zum Ausdruck: Die Früchte seiner „nächtlichen Arbeit in Attika" sind keine
philosophischen Reflexionen; sie sollen dem Leser vielmehr Unterhaltung bieten und Freude machen - frei von Strenge und autoritärem
Ton. Eine Haubenlerche baut ihr Nest in ein reifes Kornfeld. Die
Jungen sind also in großer Gefahr, wenn die Ernte beginnt. Sie ermahnt also ihre Kinder, gut aufzupassen und ihr jede Veränderung
der Lage, die während ihrer Abwesenheit eintreten könnte, mitzu-
teilen. Der Bauer und sein Sohn verabreden für den nächsten Tag
den Beginn der Ernte. Der Sohn soll nur noch die Helfer besorgen.
Die Jungen melden diese gefährliche Neuigkeit sofort ihrer Mutter,
die ihre Kinder beruhigt, indem sie darauf hinweist, daß es so schnell
nicht zur Ernte komme, wenn der Bauer auf seine Freunde als Helfer
angewiesen sei. Die Mutter behält Recht. Der Vorgang wiederholt sich.
Statt der Freunde sollen die Verwandten gebeten werden. Auch daraus wird nichts. Schließlich wollen Vater und Sohn das Feld allein
abmähen. Da hält die Lerchenmutter es endlich für angebracht, sich
und ihre Jungen in Sicherheit zu bringen . Denn jetzt - so ihr Argu-
ment - werde die Arbeit von dem ausgeführt, der ein persönliches
Interesse daran habe, und nicht von anderen, die man um Hilfe bitte.

Die Lerchenmutter behält recht. Sie zieht mit ihren Kindern im letzten Augenblick um. Was lehrt die Fabel? Man erleichtert sich die
Antwort, wenn man den Gellius-Text weiterliest (17-20): Der Autor

---

1) Servaes, F.-W.: Typologie und mittellateinische Tierdichtung, in: AU 17, 1,
1974, 17-29, zit. 19.

erklärt zunächst, es handle sich um eine fabula de amicorum et propinquorum levi plerumque et inani fiducia. Die Fabel stellt demnach die menschliche Erfahrung dar, daß das Vertrauen auf Freunde und Verwandte gewöhnlich enttäuscht wird. In den erhabenen Büchern der Philosophen stehe nichts anderes: Wir sollten uns nur auf uns selbst verlassen (in nobis tantum ipsis nitamur). Alles andere aber, das außerhalb unseres Einflußbereiches liegt, sollten wir als nicht in unserer Macht stehend betrachten. Gellius weist dann noch auf die Satire des Ennius hin, der dieselbe fabula erzählt habe. Er zitiert die letzten beiden Verse: „Diese Erfahrung wird dir stets vor Augen sein: Erwarte nicht von anderen, was du selbst erledigen kannst."

Die äsopische Haubenlerche repräsentiert einen Fabeltyp, in der nicht die Tiere die handelnden oder leidenden Gestalten sind wie z. B. in den Phädrus- und Odo-Fabeln (Texte 3 u. 4 des 1. Teiles) und damit menschliches Verhalten widerspiegeln. Die Haubenlerche steht über den Menschen. Denn sie läßt sich mit ihrer Kenntnis des Menschen in ihren Entscheidungen bestimmen. Das Tier ist hier weiser als der Mensch. Es ist die Maske oder das Sprachrohr, mit dem der Dichter seine Weisheit verkündet.

4. Plinius gibt im Zusammenhang mit seiner Darstellung des Löwen (Nat. Hist. 8, 56-60) Beispiele für die „gelegentliche Sanftmut" (fortuitae clementiae exempla) des wilden Tieres: Ein Löwe läßt sich einen Splitter aus der Tatze ziehen und die schmerzende Wunde behandeln. Ein anderer Löwe wird von einem Knochen, der ihm im Hals steckengeblieben war, befreit und beweist seinem Wohltäter seine Dankbarkeit, indem er ihm auf der Jagd hilft. Darauf folgt als weiteres Beispiel die Geschichte von dem dankbaren Pantherweibchen (= Text 7 des 3. Teiles).

Die Geschichte vom dankbaren Löwen, auf die George Bernard Shaw mit seinem Schauspiel „Androcles and the Lion" (1911/12) zurückgriff, erzählt Gellius 5, 14, 5-28. Shaw läßt das Ereignis in der Zeit der Christenverfolgung spielen: Androclus (bei Shaw: Androcles) wird wegen seines Glaubens zum Tod in der Arena verurteilt. Der Löwe, der ihn zerfleischen soll, ist sein alter Freund, den er einst von seinen Schmerzen befreit hatte. Er legt sich seinem Wohltäter friedlich vor die Füße. Androclus wird daraufhin begnadigt. Das eigentliche Thema des Schauspiels ist jedoch nicht die Dankbarkeit des Löwen, sondern das in den verschiedenen Personen des Stückes dargestellte Verhältnis zwischen einer auf einer festen religiösen, sozialen und politischen Ordnung gegründeten Macht des

Staates und dem Individuum, das sich dieser Ordnung nicht fügen will. Androclus ist nur eine Person unter anderen, die in ihrer Mensch und Tier gleichermaßen umfassenden Güte ein naives Christentum franziskanischer Prägung verkörpert (vgl. Text 5 des 2. Teiles). Während Plinius nur den ersten Teil der clementia leonis, die Zutraulichkeit des Tieres und die Entfernung des Dornes schildert, erzählt Gellius breit und anschaulich das Geschehen in der Arena[1] und geht dann erst auf die res mirifica der ersten Begegnung zwischen Mensch und Tier ein.

5. Die besondere Zutraulichkeit des Delphins, sein quasi-menschliches Empfindungsvermögen, seine Hilfsbereitschaft werden noch im Zusammenhang mit dem Plinius-Text (Text 6 des 3. Teiles) erwähnt werden. Arion stammte aus Lesbos; er lebte um 600 vor Chr., ist also keine Gestalt des Mythos. Die Erzählung über seine Abenteuer während einer Seereise von Tarent nach Korinth ist eine Legende. Sie handelt von einer bedeutenden historischen Gestalt, die in Lebensgefahr gerät und auf wunderbare Weise gerettet wird. Das Wunderbare des Geschehens hat seine natürliche Ursache in den überragenden musikalischen Fähigkeiten des Helden und in den besonderen Eigenschaften des Delphins[2]. Die Sinngebung und das Erbauliche dieser Legende bestehen wohl darin, daß schöne Musik eine „Himmelsmacht" ist, die den Tod besiegt und die Wesen der Natur bezaubert (vgl. die Orpheus-Sage). Die Arion-Legende steht in einem deutlichen Kontrast zur Midas-Sage (Ovid, Met. 11, 146-193; vgl. Text 2 des 1. Teiles). Nach Hygin war es Apoll, der Arion bei seiner Rettung half; der Delphin war Apoll heilig und konnte sogar der Gott selbst sein. Herodot (1, 23-24), der früheste Erzähler der Legende, und Gellius, der Herodot nacherzählt, erwähnen Apoll jedoch nicht. Im Gegensatz zu Midas, der nichts von Musik versteht und darum von Apoll Eselsohren aufgesetzt bekommt, wird Arion, der beste Musiker und Sänger der Welt - von Apoll - auf wunderbare Weise vor dem Ertrinken errettet. Gellius nennt es ein novum et mirum et pium facinus, als die Delphine auftauchen, um Arion auf den Rücken zu nehmen.

6. Plinius (Epist. 9, 33) versichert seinem Freund Caninius, der offensichtlich Stoff für seine dichterische Tätigkeit sucht, daß die Geschichte wahr sei, sich aber wie erfunden anhöre. Sie ist eines von

---

1) Zum Thema „Amphitheater" vgl. Cancik, H.: Amphitheater. Zum Problem der ‚Gesamtinterpretation' am Beispiel von Statius, Silve II 5: Leo mansuetus, in: AU 14, 3, 1971, 66-81.
2) Zum Ganzen s. Rabinovitch, M.: Der Delphin in Sage und Mythos der Griechen, Dornach/Basel 1947.

varia miracula und paßt unter diesem Gesichtspunkt zu den miracula des Caesarius von Heisterbach (Text 6 des 2. Teiles). Mit seinem Thema steht die Geschichte in Verbindung mit der Arion-Sage (Text 5 des 3. Teiles). Der Plinius-Brief schildert den Delphin als harmlosen Spielkameraden eines kleinen Jungen. Das Tier wird durch den immer intensiveren Umgang mit den Kindern von Tag zu Tag zutraulicher. Es läßt sich sogar reiten. Ein zweiter Delphin gesellt sich zu der Gruppe, bleibt aber in größerer Distanz. Ein römischer Beamter sieht in törichtem Aberglauben (religione prava) das Tier als Inkarnation eines Gottes an - der Delphin war in der Tat Apollo heilig und man glaubte, daß der Gott die Gestalt des Tieres annehmen könne - und übergießt es am Strand mit duftenden Salben[1]. Am Ende wird das viel bestaunte Tier heimlich umgebracht, damit wieder Ruhe einkehrt.

Plinius, der Onkel des Briefschreibers, berichtet in seiner Naturalis Historia (9, 20-33) über mehrere Fälle ähnlicher Art. Unter diesen befindet sich auch die rührende Geschichte eines Jungen, der einen Delphin gefüttert hatte und von diesem mehrere Jahre lang über die hohe See von Baiae nach Puteoli getragen wurde. Als der Junge eines Tages starb, sei auch der Delphin vor Traurigkeit und Sehnsucht nach seinem Gefährten gestorben.

In diesen Geschichten geht es nicht so sehr um das Motiv des dankbaren Tieres (Texte 4 u. 7 des 3. Teiles) wie um Freundschaft und Liebe zwischen Mensch und Tier, die auf Gegenseitigkeit beruhen und nichts mit dem Schoßhündchenaffekt (Text 10 des 2. Teiles) zu tun haben.

7. Das Pantherweibchen ist für Plinius ein Beispiel reiner Dankbarkeit, die es auch beim Menschen selten gibt. Wie sich der Mensch in der Regel verhält, demonstriert die Phädrus-Fabel (Text 3b des 1. Teiles). Mit diesem Seitenhieb auf menschliches Verhalten erhält die zunächst scheinbar so nüchterne Darstellung des Zoologen Plinius eine moralische Dimension. Löwe und Pantherweibchen sind aufgrund ihrer Dankbarkeit dem gewöhnlichen Menschen moralisch überlegen. Sie hätten ihre Wohltäter ja auch verspeisen oder zumindest einfach verschwinden können, wie es in der Menschenwelt üblich ist.

---

[1] Diesen Vorgang beschreibt auch Plinius d. Ä., Nat. Hist. 9, 26.

8. Hätte es keine Wölfin gegeben, so wäre Rom nicht gegründet worden. Ohne die Gänse der Juno wäre die Stadt sehr bald wieder zerstört worden. Livius (5, 47) erzählt die Geschichte von der Rettung des Kapitols durch die heiligen Gänse als einen Höhepunkt in der Bedrohung Roms durch die Gallier. Das Motiv der Rettung von Menschen durch Tiere ist u. a. auch in der Arionsage (Text 5 des 3. Teiles) verarbeitet. Die Schafe des Polyphem sind ebenfalls Lebensretter - allerdings mehr als Werkzeuge denn als selbständig handelnde Wesen.

Die Livius-Stelle könnte Anlaß zu einem kurzen Ausflug in die römische Frühgeschichte sein. Unter Einbeziehung der Schrift des Plutarch De fortuna Romanorum, wo auch über die Gänse der Juno gehandelt wird (Kap. 12), ließe sich eine Erörterung über das Thema „Glück" in der Geschichte oder im Leben des einzelnen anschließen. Dabei sollte man vor allem auf die Frage eingehen, wo und inwieweit Tiere als Werkzeuge des „Glückes" gewirkt haben.

9. Während die gefüllte Sau des Trimalchio (Text 8 des 2. Teiles), der porcus Troianus, der Unterhaltung und dem sich anschließenden Gaumengenuß einer Partygesellschaft diente, führte der equus Troianus zum Untergang Trojas. Hygin, der aus Spanien stammende Freigelassene des Kaisers Augustus, ist nicht der tatsächliche Autor des Textes. Unter seinem Namen sind jedoch die „Fabulae", ein mythologisches Handbuch oder Kompendium, überliefert, das auch als Schulbuch benutzt wurde[1].

Das trojanische Pferd hat in mehrfacher Hinsicht eine Schlüsselrolle im mythischen Geschehen: Es lenkt die Trojaner von der wahren Absicht der Achiver ab. Es wird zur Kulisse für die Bestrafung des ungehorsamen Apollo-Priesters Laokoon. Hygin stellt aber keinen direkten Zusammenhang zwischen Laokoons Speerwurf gegen das Pferd und dem Auftauchen der beiden Seeungeheuer her. Die Trojaner glauben lediglich, daß ein solcher Zusammenhang bestehe, und werden dadurch in ihrer Absicht bestärkt, das Pferd in die Stadt zu schleppen. In Wirklichkeit stehen die Seeungeheuer als Schickungen Apolls in keinem kausalen Zusammenhang mit dem Untergang Trojas. Schließlich war Apoll ein Verbündeter der Trojaner.

Die Geschichte vom hölzernen Pferd wird an mehreren Stellen in der Odyssee erzählt (4, 271 ff.; 8, 492 ff.; 11, 523 ff.). Von Lao-

---

[1] Textauswahl von Röttger, G.: Antike Mythen. Hyginus, Fabulae, Frankfurt (Diesterweg) 1978.

koon ist in den Homerischen Epen bekanntlich nicht die Rede, dafür aber um so ausführlicher in Vergils Aeneis (2, 13-66; 195-227). In dem lateinischen Epos werden die Schlangen übrigens nicht von Apoll, sondern von Minerva, einer Feindin Trojas, geschickt, um Laokoon zu bestrafen, weil er ihr Weihgeschenk, das hölzerne Pferd, mit dem Speer verletzt habe.

Das hölzerne Pferd ist schon eine seltsame Erscheinung. E. Bickel hat die novellistisch ausgestaltete Erzählung vom Bau des Ungetüms und von der Eroberung Trojas durch Kriegslist auf ein altes Märchen zurückgeführt, nach dem der rossegestaltige Gott Poseidon, Trojas Feind, die Stadt durch ein Erdbeben zerstört habe[1]): Poseidon ist in der Gestalt eines Pferdes vor Troja erschienen, um mit dem Stampfen seiner Hufe und mit seinem Wiehern die Mauern zum Einstürzen zu bringen. Laokoon wurde demzufolge bestraft, weil er gegen den theriomorphen Gott Poseidon (gegen Poseidon als Pferd) seinen Speer geschleudert hat.

Das „hölzernde Pferd" ist demnach eine Erscheinung der mythologischen Erinnerung an die von Poseidon, dem Pferdegott, ausgelöste Naturkatastrophe, der Troja zum Opfer fiel.

Wie dem auch sei - gewiß ist, daß im griechischen Götterglauben Poseidon das Pferd besonders heilig war, und da Poseidon ein Feind der Trojaner war, ist es nur folgerichtig, daß die Stadt durch ein Pferd vernichtet wurde.

Sowohl das hölzerne Pferd als auch die beiden Seeungeheuer, die von Vergil sehr anschaulich beschrieben werden (Aen. 2, 203-227), weisen auf die Tatsache hin, daß die antike Religion und Mythologie ohne die Tiere völlig anders aussähe. Denn Götter haben nicht nur Tiergestalt oder können diese bei Bedarf annehmen wie z. B. Poseidon oder Apoll, der sich in einen Delphin verwandeln kann (vgl. die Hinweise zu Text 5 des 3. Teiles). Zeus hat bei seinen vielfältigen Verbindungen mit sterblichen Frauen Tiergestalt angenommen (Europa und der Stier, Leda und der Schwan). Seine Geliebte Io hat er in eine Kuh verwandelt, als er von Hera überrascht wurde. Kallisto bekommt die Gestalt einer Bärin, um vor der eifersüchtigen Zeus-Gattin sicher zu sein.

---

1) Bickel, E.: Das Verbrechen des Laokoon. Die Geschichte vom hölzernen Pferd und Poseidon theriomorph als Zerstörer von Troias Mauer, in: Rhein. Mus. 91, 1942, 19-27.

Gäbe es keine Tiere in der Mythologie, so wären die Argonauten nicht nach Kolchis gefahren, hätte Herakles seine zwölf Taten nicht vollbringen können, könnte Helios nicht über den Himmel ziehen, wäre Iphigenie wirklich geopfert worden, hätte Hermes nicht die Leier erfunden, hätte es Theben nicht gegeben, kämen die Toten aus der Unterwelt zurück, wäre Orpheus nicht so berühmt geworden usw.

Nicht zuletzt werden Göttern auch Tiere geopfert. Man denke nur an die römischen Suovetaurilia, bei denen die für die menschliche Ernährung wichtigsten Tiere (sus, ovis, taurus) den Göttern dargebracht werden. Welche eminent wichtige politische Bedeutung Tieren im religiösen Kontext beigemessen wurde, beweisen nicht zuletzt die römischen Auspizien oder die Eingeweideschau durch die haruspices. Schließlich fehlten den Göttern wesentliche Attribute, wenn man die Tiere aus Religion und Mythologie verbannt hätte. Zeus müßte auf den Adler, Asklepios auf die Schlange, Hera auf den Pfau, Aphrodite auf die Taube, Artemis auf das Reh, Juno auf die Gans und Athene auf die Eule verzichten. Auch die Sternsagen und Sternbilder wären um aries, taurus, cancer, leo, scorpio, caper und pisces ärmer.

Die Bedeutung der Tiere in der antiken Religion und Mythologie ist wohl darauf zurückzuführen, daß Tiere als Kraftträger galten[1], die ihre besonderen Fähigkeiten zum Nutzen oder zum Schaden des Menschen entfalten konnten. Allerdings hat dieser Glaube bei den Griechen und Römern nicht zu ausschließlich theriomorphen Götterbildern geführt wie etwa bei den Ägyptern. Eine wesensgleiche Verschmelzung des Göttlichen mit dem Tierischen hat es nicht gegeben. Wenn sich Götter in Tiere verwandelt haben, dann war dies eine vorübergehende Erscheinung.

Auch in einer Verbindung mit der Gottheit behält das Tier seine volle irdische Natur; es bleibt vom Göttlichen getrennt. Das gilt selbst für die Tiere, deren Eigenarten und Verhaltensweisen man vom menschlichen Wesen her deutete und denen man aufgrund ihrer Sehkraft, ihres Spürsinnes und ihres Witterungsvermögens prophetische Begabung zuschrieb. Die Vögel der Auguren sind niemals göttlich oder gar Götter; sie verfügen nur über Fähigkeiten, die der Mensch nicht hat, aber zu nutzen versucht.

---

[1] Vgl. dtv-Lexikon der Antike, Bd. 2, 1: Religion/Mythologie, s. v. Fauna.

10. Von Schweinen war in der Textsammlung schon mehrfach die Rede. Die „Schweine der Circe" sind Opfer göttlicher Zauberkraft. Bei Hygin verwandelt die Tochter des Helios die Menschen jedoch nicht in Schweine, sondern ganz allgemein in „wilde Tiere". Die Darstellung in der Odyssee (10, 210-574) ist ungleich anschaulicher. Die Verwandlungsszene hat sich (in der Übersetzung von Wolfgang Schadewaldt) so abgespielt: Die Gefährten des Odysseus kommen zum Haus der Zauberin, „und um sie waren Bergwölfe und Löwen, welche sie selbst verzaubert hatte, nachdem sie ihnen böse Kräuter gegeben. Doch die drangen nicht auf die Männer ein, sondern standen auf und umwedelten sie mit den langen Schwänzen. Und wie wenn um den Herrn die Hunde wedeln, wenn er vom Mahl kommt, denn immer bringt er Labsale des Herzens: so umwedelten diese die starkkralligen Wölfe und die Löwen; sie aber fürchteten sich, als sie die schrecklichen Untiere sahen ..." (210-219). Die Zauberin fordert die Männer zum Eintreten auf: „Und sie ließ sie, als sie sie hereingeführt, auf Sessel und Stühle niedersitzen und rührte ihnen Käse und Gerstenmehl und gelben Honig mit pramneischem Weine an, doch mischte sie in die Speise böse Kräuter, daß sie des väterlichen Landes ganz vergäßen. Und als sie es gegeben und sie ausgetrunken, schlug sie sie alsogleich mit einer Gerte und sperrte sie in Kofen ein. Sie aber hatten Köpfe, Stimme und auch Haare von Schweinen, wie auch die Gestalt, doch ihr Verstand war beständig so wie früher. So waren sie weinend eingesperrt, und Kirke warf ihnen Eicheln, Bucheckern und die Frucht der wilden Kirsche vor zum essen, dergleichen Schweine, sich am Boden sielende, immer essen ..." (230-243).

Die Verwandlung von Menschen in Tiere ist ein altes und weitverbreitetes Märchenmotiv (Text 9 des 2. Teiles), das selbstverständlich nicht nur in den Metamorphosen Ovids (vgl. z. B. die Philomela-Metamorphose und die Hinweise zu den Texten 10 des 1. Teiles und 1 des 2. Teiles, ferner die Actaeonsage, Met. 3, 131-252) oder in dem Eselsroman (Asinus aureus) des Apuleius vorkommt.

VII Vorschlag für eine Klassenarbeit (Schulaufgabe)

Erziehung oder Naturanlage? Was wirkt sich mehr auf das Verhalten aus?

1 Lycurgus is, qui Lacedaemoniis leges condidit,
   cum conaretur cives suos a moribus praesentibus
3 ad temperantiorem vivendi rationem traducere
   eosque virtutis et honesti studiosos reddere
5 (nam erant corrupti deliciis),
   duos educavit catulos eodem patre eademque matre progenitos,
7 quorum alterum passus est domi lautioribus vesci cibis,
   alterum eductum venatibus exercuit.
9 Dein cum ambos produxisset in forum apud multitudinem,
   posuit illic spinas, simul et escas aliquas delicatiores,
11 mox emisit leporem:
   cumque uterque raperetur ad assueta,
13 alter ad escas, alter leporem invaderet,
   „an non videtis", inquit, „cives, duos catulos,
15 cum eiusdem sint generis,
   tamen ob diversam educationem admodum dissimiles inter sese
17 evasisse
   plusque ad honestatem momenti habere
19 exercitationem quam naturam?"

(Erasmus, Apophthegmata I, LVIII Lycurgus)

---

3 temperans, -ntis (vgl. temperare) maßvoll
4 studiosus h. eifrig bedacht auf (Genitiv) - reddere machen zu
6 catulus junger Hund - progenitus abstammend von (Ablativ)
7 lautus fein
8 venatus, -us Jagd
10 spina Dorn - esca Speise
11 lepus, -oris m. Hase
17 evadere sich entwickeln
18 plus momenti habere mehr Bedeutung haben

VIII   Eine Anregung zum Singen

In der Sammlung der Cantica latina von Jan Novák (Cantica latina. Poetarum veterum novorumque carmina ad cantum cum clavibus modis instruxit Jan Novák, München/Zürich, Artemis Verlag, 1985) sind u. a. auch Vertonungen mehrerer Carmina Burana enthalten, so z. B. Text 8 des 1. Teiles unserer Sammlung: Exiit diluculo. Wenn kein Klavier vorhanden ist, kann das Stück auch a capella oder mit Blockflötenbegleitung gesungen werden. —

Selbstverständlich lassen sich auch andere Texte unserer Sammlung nach bekannten oder erfundenen Melodien mit den Schülern singen. Die Schüler können dazu aufgefordert werden, den Texten Melodien ihrer Wahl zu unterlegen, und der Lehrer sollte sich nicht scheuen, gelegentlich selbst ein Lied vorzusingen oder vorzuspielen.

Weitere Anregungen zum Thema „Musik und Latein" findet man bei Barié, P.: Canere aude, in: A U 22, 5, 1979, 73 - 79 und Glücklich, H.-J. (Hrsg.): Musik und altsprachlicher Unterricht, A U 23, 5, 1980.

Zum Grundsätzlichen vgl. auch Keulen, H.: Spiel und Kreativität. Spiel und Spiele, Spielerisches im und zum Altsprachlichen Unterricht. In: Orientierung. Schriftenreihe zur Lehrerfortbildung. Heft 11, 1985.